定期テスト **ズバリよくでる** 国語 1年 光村図書版 国語1

もくじ

取り外してお使いください 赤シート+直前チェックBOOK,別冊解答

※全国の定期テストの標準的な出題範囲を示しています。学校の学習進度とあわない場合は,「あなたの学校の出題範囲」欄に出題範囲を書きこんでお使いください。

Step 1

朝のリレー／野原はうたう

15分

1 詩を読んで、問いに答えなさい。

▼㊎巻頭／15ページ1行～13行

朝のリレー　　谷川《たにかわ》 俊太郎《しゅんたろう》

カムチャツカの若者が
きりんの夢を見ているとき
メキシコの娘《むすめ》は
朝もやの中でバスを待っている
ニューヨークの少女が
ほほえみながら寝《ね》がえりをうつとき
ローマの少年は
柱頭を染める朝陽《あさひ》にウインクする
この地球では
いつもどこかで朝がはじまっている

ぼくらは朝をリレーするのだ
経度から経度へと
そうしていわば交替《こうたい》で地球を守る
眠《ねむ》る前のひととき耳をすますと
どこか遠くで目覚《めざま》し時計のベルが鳴ってる
それはあなたの送った朝を
誰《だれ》かがしっかりと受けとめた証拠《しょうこ》なのだ

谷川　俊太郎「朝のリレー」〈谷川俊太郎詩選集　1〉より

(1) 「朝のリレー」の詩で、作者が読み手に伝えたいのはどのようなことですか。次から一つ選び、記号で答えなさい。

ア　地球に住む全員が、地球を守っていく仲間なのだということ。
イ　地球上のそれぞれの文化や生活を尊重するべきだということ。
ウ　世界には貧しい生活をしている人も多いと、忘れてはならないということ。

(2) 「おれはかまきり」の詩で、11・12行目「わくわくするほど／きまってる」とかまきり　りゅうじが感じているのは、何ですか。抜《ぬ》き出しなさい。

(3) 「かまきり　りゅうじ」はどんな性格だと読み取れますか。次から一つ選び、記号で答えなさい。

ア　気難しくて、おこりっぽい性格。
イ　元気いっぱいで、勇ましい性格。
ウ　おくびょうで、たよりない性格。

ヒント

(1) 「朝をリレーする」という言葉に込《こ》められた作者の思いを捉《とら》えよう。

(3) 「おう　なつだぜ」、「おれは　げんきだぜ」などから考える。

おれはかまきり　　かまきり　りゅうじ

おう　なつだぜ
おれは　げんきだぜ
あまり　ちかよるな
おれの　こころも　かまも
どきどきするほど
ひかってるぜ

おう　あついぜ
おれは　がんばるぜ
もえる　ひをあびて
かまを　ふりかざす　すがた
わくわくするほど
きまってるぜ

工藤　直子「野原はうたう」〈のはらうた〉より

テストで点を取るポイント

国語の中間・期末テストでは、次のポイントを押さえて確実に点数アップをねらうことができます。

☑ノートを確認して、教科書を音読する

❶授業中の板書を写したノートをおさらいします。

国語の定期テストでは黒板に書かれた内容がテストで問われることが多く、先生によっては要点を赤字にしたり、繰り返し注意したりしてヒントを出してくれています。

❷教科書の文章を音読して読み直す。

テストで出る文章は決まっているので、かならず何度も読み直して文章内容を理解しておきましょう。

☑ステップ1・ステップ2を解く

»実際に文章読解問題・文法問題を解いて、内容を理解できているか確認します。いずれも時間を計って、短時間で解く練習をしておきましょう。

☑小冊子で漢字を確認する

»テスト直前には新出漢字や文法事《じ》項《こう》、古文単語などの暗記事項を確認します。

国語はノート整理→音読→演習問題→漢字暗記の4ステップで短期間でも高得点がねらえるよ!

Step 1 シンシュン

15分

1 文章を読んで、問いに答えなさい。

▼教 23ページ9行〜25ページ3行

　ある日、国語の授業で小説を読んだ。

　短いお話で、全然明るくなくて、それどころか暗くて、悲しい話だったけど、僕はすごく好きだと思った。でも、どうして好きなのか全然説明できなかった。だから、シンタに話そうと思った。僕が好きなんだから、シンタも絶対に好きだろう。そしてシンタなら、その理由を教えてくれるにちがいない。

　休み時間、僕はいつものようにシンタの席へ行った。待ち切れなかった。①わくわくしながら小説の話を切りだすと、シンタは顔をしかめた。

「あれ、嫌いだ。」

　頭をがつんと殴られたような気がした。

「暗くてさ。何が書きたいんだろう。」
　②僕は思わず、シンタといっしょにうなずいた。
「そうだよな。僕も嫌い。」

　その日は、ずっと苦しかった。

　僕が好きなものを、シンタが嫌いと言ったことが悲しかった。「僕は好きだ。」と言えなかったことが悔しかった。でも、シンタと違う自分は嫌だった。僕たちは好きなものや嫌いなものが同じだから「シンシュン」コンビなんだ。違うところがあれば、僕らはきっと

(1) ——線①「わくわくしながら小説の話を切りだす」とありますが、「僕」がわくわくした理由を説明した次の文の□に当てはまる言葉を、それぞれ二字で抜《ぬ》き出しなさい。

　国語の授業で読んだ□□をシンタもきっと「僕」と同じように□□で、そのように感じた□□も教えてくれると思ったから。

(2) ——線②「僕は思わず…うなずいた」とありますが、「僕」がこのようにしたのはなぜですか。次から一つ選び、記号で答えなさい。

ア　シンタに言われて、確かにその通りだと納得したから。
イ　シンタと自分は考え方が違うと、言い出せなかったから。
ウ　シンタが自分を試しているのではないかと疑ったから。

（　　）

(3) ——線③「絶対に嫌だった」とありますが、「僕」が一番嫌なのはどんなことですか。次から一つ選び、記号で答えなさい。

ア　シンタに、言いたいことも言えなくなってしまうこと。
イ　シンタと好きなものや嫌いなものが同じでなくなること。
ウ　シンタと、いっしょにいられなくなってしまうこと。

（　　）

いっしょにいられなくなる。それは嫌だった。③絶対に嫌だった。
それから僕は、シンタと話すときに迷うようになった。
休み時間も放課後も、相変わらずシンタといっしょにいたけど、前みたいに話せなくなった。
④僕はあたりまえのことばかりを話した。「雨が降っているね。」とか、「あしたは一時間目から体育だね。」とか。
シンタもなんだかおかしかった。僕と同じように口数が少なくなって、僕みたいにあたりまえのことしか話さなかった。とうとう僕らは黙ってしまった。黙ってしまうと後はただ気まずくて、だから僕たちはだんだん離れていった。
クラスのみんなは「シンシュン」コンビがいっしょにいないことを心配してくれた。でも、僕たちは自分たちに何があったのか、みんなに説明することができなかった。

西 加奈子「シンシュン」より

❶ (4) ――線④「僕は……話した」について、答えなさい。
どんなことですか。二つ抜き出しなさい。

（　　　　　　　　　　）

（　　　　　　　　　　）

❷ 「僕」がこのようにしたのはなぜですか。次から一つ選び、記号で答えなさい。

ア シンタと深い話をして、二人の考え方が対立することが怖かったから。
イ シンタといっしょにいることが、だんだんつらく感じられるようになったから。
ウ シンタと話すことなら、どんなことでも楽しいと思っていたから。

（　　　）

ヒント

(1) 「わくわく」は、心をはずませている様子を表す言葉である。「僕」がどんなことを楽しみにしてシンタに話しかけたのかを、これより前の部分から読み取ろう。

(3) すぐ前にも、「それは嫌だった。」という文がある。「それ」とは何のことだろう。

Step 2

シンシュン

20分

／100

目標 75点

1 文章を読んで、問いに答えなさい。思

▼教25ページ11行～27ページ7行

「シンタ。」

シンタは僕を見た。①ちょっと怖がっているみたいに見えた。

「僕、あの小説が好きなんだ。」

「え？」

「あの、国語の小説。」

覚えていないかもしれない。急にこんなことを言うのは変だ。でも、そこから話をするしかなかった。僕は必死だった。だから、

「覚えているよ。」

シンタがそう言ってくれたときは②驚いた。それから、こう続けたときも。

「僕が嫌いって言ったとき、シュンタが傷ついたのもわかった。」

気づいていたんだ。謝ろうとした僕より先に、シンタが「③ごめん。」と言った。

「僕たち、あれからちょっとおかしいよな。ちょっとっていうより、だいぶ。」

「うん。なんか。」

「つまらないことばかり話してさ。」

「本当にそうだね。」

シンタと僕が久しぶりに話をしているのを、クラスメイトたちが

(1) ――線①「ちょっと怖がっているみたいに見えた」とありますが、シンタは「僕」と話してどうなることを怖がっていたのですか。「僕と……こと。」に当てはまるように、十字以内で抜《ぬ》き出しなさい。

点UP

(2) ――線②「驚いた」とありますが、「僕」は、どんなことに驚いたのですか。二つ書きなさい。

(3) ――線③「ごめん」とありますが、シンタは、どんなことを謝っているのですか。次から一つ選び、記号で答えなさい。

ア 「僕」の好きな小説を「嫌い」と言って僕を傷つけたこと。

イ 小説の一件以来、「僕」とぎくしゃくしてしまっていたこと。

ウ 「僕」を傷つけたとわかっていたのに、謝らなかったこと。

(4) ――線④「シンタも、気にしていなかった」とありますが、シンタは何を気にしていなかったのですか。

(5) ――線⑤「思ったより、大きな声が出たのだろう」とありますが、それはなぜですか。「必死」という言葉を使って書きなさい。

(6) ――線⑥「だからこそ話そうよ」とありますが、「僕」は、話すことによってどうなることを願っているのですか。

点UP

(7) ――線⑦「僕たちはそっくりだった」とありますが、「僕」たちは、どんなところがそっくりだったのですか。考えて、書きなさい。

見ているのがわかった。

　でも、僕は気にしなかった。

「僕、シンタと違うところを発見するのが怖かったんだ。」
　④シンタも、気にしていなかった。
「僕も！」
　⑤思ったより、大きな声が出たのだろう。シンタは照れくさそうに笑った。
「またシュンタを傷つけるのも怖かったしさ。」

　シンタのその笑顔《えがお》が、僕は好きだった。大好きだった。

「傷つかないよ。」

「え？」

「僕の好きなものをシンタが嫌いでも、僕は傷つかないよ。あ、うん、傷つくかもしれないけど、でも、じゃあ、⑥だからこそ話そうよ。どうして好きなのか、どうして嫌いなのか。」

　シンタはまっすぐ僕を見た。僕もシンタをまっすぐに見た。⑦僕たちはそっくりだった。

西　加奈子「シンシュン」より

❷ ――線のカタカナを漢字で書きなさい。

❶ 後ろをフり返る。
❷ クヤしい気持ち。
❸ お互《たが》いにダマる。
❹ その場をハナれる。

❶								❷	
(1)	(2) 一つ目	(2) 二つ目	(3)	(4)	(5)	(6)	(7)	❶ ❷	❸ ❹
10点	各5点		10点	10点	10点	15点	15点		各5点

成績評価の観点　思…思考・判断・表現

Step 2

漢字Ⅰ 漢字の組み立てと部首

（シンシュン～漢字に親しもうⅠ）

20分

/100

目標 75点

❶ ―部の漢字の読み仮名を書きなさい。

① 比較して話す。
② 健康な腎臓。
③ 嫌いな食べ物。
④ 牛丼を食べる。
⑤ 甘えん坊
⑥ 後ろを振り返る。
⑦ 成績の優劣。
⑧ ミスを謝る。
⑨ 疲労がたまる。
⑩ 襟元を正す。
⑪ 特徴を知る。
⑫ 類似した点を探す。
⑬ 癖に気付く。
⑭ 大気の汚染。
⑮ 苦悩して選ぶ。

❶

①	②	③	④
⑤	⑥	⑦	⑧
⑨	⑩	⑪	⑫
⑬	⑭	⑮	

各2点

❷ カタカナを漢字に直しなさい。

① 大声にオドロく。
② チガいが分かる。
③ オコった顔。
④ 壁《かべ》をナグる。
⑤ クヤしい思い。
⑥ ハナれて暮らす。
⑦ 犬をコワがる。
⑧ 形をトラえる。
⑨ イスに座《すわ》る。
⑩ フセンをはる。
⑪ 語句のケンサク。
⑫ 根がイタむ。
⑬ クツをはく。
⑭ ボクの顔。
⑮ ダマって書く。

❷

①	②	③	④
⑤	⑥	⑦	⑧
⑨	⑩	⑪	⑫
⑬	⑭	⑮	

各2点

❸ 漢字の組み立てと部首に関する、次の問いに答えなさい。

(1) 次の漢字に共通する部分の名前を書きなさい。

❶ 病・疲・痛　❷ 道・近・運　❸ 利・別・判

❹ 国・図・固　❺ 越・超・起　❻ 慣・性・快

❼ 閉・閣・間　❽ 然・照・熱

(2) 次の二つの部分を組み合わせて、□に漢字を入れ、熟語を書きなさい。

❶ 言＋寺 → □人　❷ 音＋心 → □義

❸ 者＋阝 → □会　❹ 穴＋九 → □明

❸			
(1) ❶	❹	❼	(2) ❶
❷	❺	❽	❷
❸	❻	各3点	❸
			❹ 各4点

テストに出る

漢字の組み立て

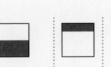

- へん　例 亻（にんべん）
- つくり　例 刂（りっとう）
- かんむり　例 宀（うかんむり）
- あし　例 灬（れんが・れっか）
- たれ　例 广（まだれ）
- にょう　例 辶（しんにょう・しんにゅう）
- かまえ　例 囗（くにがまえ）

漢字の部首

●「心」
心（こころ）…例 必・感
忄（りっしんべん）…例 慣・性
⺗（したごころ）…例 恭・慕

●「衣」
衣（ころも）…例 表・裁
衤（ころもへん）…例 複・補

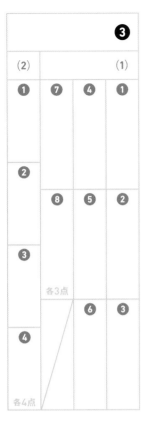

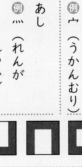

Step 1 ダイコンは大きな根？

15分

❶ 文章を読んで、問いに答えなさい。

▼㊫43ページ2行～44ページ12行

　これに対して、私たちが食べるダイコンをよく見てみると、下のほうに細かい側根《そっこん》が付いていたり、側根の付いていた跡に穴が空いていたりするのがわかります。ダイコンの下のほうは主根《しゅこん》が太ってできているのです。いっぽう、ダイコンの上のほうを見ると、側根がなく、すべすべしています。この上の部分は、根ではなく胚《はい》軸が太ったものです。つまり、ダイコンの白い部分は、根と胚軸の二つの器官から成っているのです。

　この二つの器官は、じつは味も違っています。なぜ、違っているのでしょう。

　①胚軸の部分は水分が多く、甘みがあるのが特徴です。胚軸は、地下の根で吸収した水分を地上の葉などに送り、葉で作られた糖分などの栄養分を根に送る役割をしているからです。

　いっぽう、根の部分は辛いのが特徴です。ダイコンは下にいくほど辛みが増していきます。ダイコンのいちばん上の部分と、いちばん下の部分を比較すると、下のほうが十倍も辛み成分が多いのです。ここには、②植物の知恵ともいえる理由がかくされています。

　根には、葉で作られた栄養分が豊富に運ばれてきます。③これは、いずれ花をさかせる時期に使う大切な栄養分なので、土の中の虫に食べられては困ります。そこで、虫の害から身を守るため、辛み成

(1) ダイコンの下の部分にある穴は何ですか。抜《ぬ》き出しなさい。

（　　　　）

(2) ――線①「胚軸の部分は水分が多く、甘みがある」とありますが、この理由を次から一つ選び、記号で答えなさい。

ア　虫に食べられる心配が全くないため、たくわえている栄養分が豊かな場所だから。

イ　根から吸収した水分を、葉や茎に送るまで一時的にたくわえておく場所だから。

ウ　根で吸収した水分や葉で作られた糖分などの栄養分が通る場所だから。

（　　）

(3) ――線②「植物の知恵」とありますが、ダイコンに辛み成分が多いのは、何のための知恵ですか。十一字で抜き出しなさい。

分をたくわえているのです。ダイコンの辛み成分は、普段《ふだん》は細胞の中にありますが、虫にかじられて細胞が破壊されると、化学反応を起こして、辛みを発揮するような仕組みになっています。④そのため、たくさんの細胞が壊れるほど辛みが増すことになります。

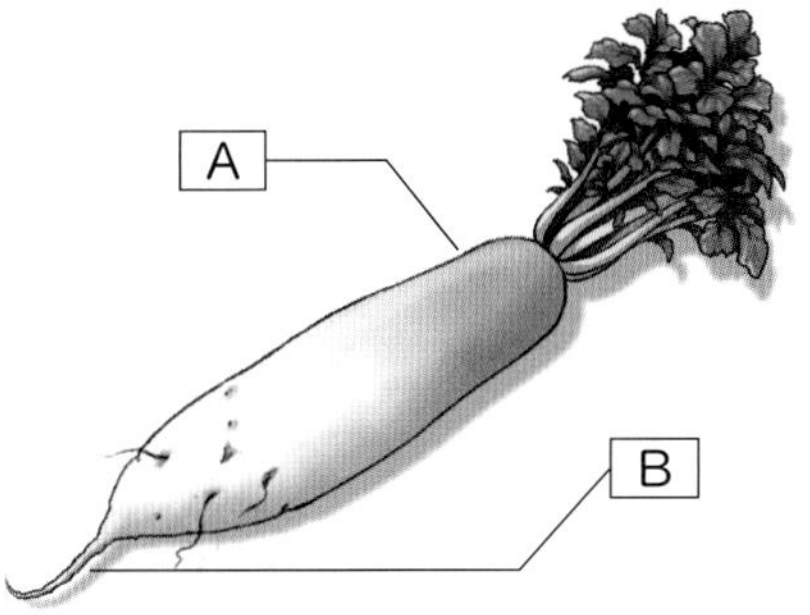

稲垣　栄洋「ダイコンは大きな根?」
〈「キャベツにだって花が咲《さ》く」を、教科書のために書き改めたもの〉より

(4) ——線③「これ」が指している内容を説明した次の文の（　）に当てはまる言葉を、それぞれ漢字一字で書きなさい。

（❶　　）から（❷　　）に運ばれた栄養分。

(5) ——線④「そのため」とありますが、これを説明したものを次から一つ選び、記号で答えなさい。（　　）

ア　ダイコンの辛み成分は、上の部分よりも下の部分に多くたくわえられているため。

イ　虫がかじることで細胞が破壊され、化学反応を起こして辛みを発揮するため。

ウ　ダイコンの栄養分を虫が食べることで、辛み成分が増えてしまうため。

(6) 上の図の中の[A]・[B]に当てはまる言葉を、それぞれ文章中から抜き出しなさい。

A（　　）

B（　　）

ヒント

(2) 直後に「……からです。」という、理由をいうときの表現があることに着目しよう。

(3) ダイコンの下の方が辛み成分が多いのは何のためかを、次の段落から読み取ろう。

Step 2

ダイコンは大きな根？

20分

／100

目標 75点

❶ 文章を読んで、問いに答えなさい。思

▼教43ページ10行〜45ページ2行

①この二つの器官は、じつは味も違っています。なぜ、違っているのでしょう。

胚軸《はい》の部分は水分が多く、甘みがあるのが特徴です。胚軸は、地下の根で吸収した水分を地上の葉などに送り、葉で作られた糖分などの栄養分を根に送る役割をしているからです。

いっぽう、根の部分は辛いのが特徴です。ダイコンは下にいくほど辛みが増していきます。ダイコンのいちばん上の部分と、いちばん下の部分を比較すると、下のほうが十倍も辛み成分が多いのです。②ここには、植物の知恵ともいえる理由がかくされています。

根には、葉で作られた栄養分が豊富に運ばれてきます。これは、いずれ花をさかせる時期に使う大切な栄養分なので、土の中の虫に食べられては困ります。そこで、③虫の害から身を守るため、辛み成分をたくわえているのです。ダイコンの辛み成分は、普段《ふだん》は細胞の中にありますが、虫にかじられて細胞が破壊されると、化学反応を起こして、辛みを発揮するような仕組みになっています。そのため、④たくさんの細胞が壊れるほど辛みが増すことになります。

⑤これらの特徴を活用して調理すると、ダイコンのさまざまな味を引き出すことができます。例えば、大根下ろしを作るときに、辛いのが好きな人は下の部分が向いていますし、辛いのが苦手な人は上

(1) ──線①「二つの器官」とは「胚軸」と「根」のことですが、これについて次の問いに答えなさい。

❶「胚軸」と「根」の味の違いについて、簡単に説明しなさい。

❷「胚軸」の役割を書きなさい。

(2) ──線②「ここ」とありますが、どのようなことを指していますか。文章中の言葉を使って書きなさい。

点UP

(3) ──線③「虫の害」とありますが、具体的にはどのようなことですか。次の文の(❶　)(❷　)に入る言葉を一語で抜《ぬ》き出しなさい。また、(❸　)は考えて五字前後で書きなさい。

(❶　)に運ばれてきた花をさかせるための(❷　)を、虫に(❸　)こと。

(4) ──線④「たくさんの細胞が壊れるほど辛みが増す」とありますが、それはダイコンのどのような仕組みのためですか。「虫」という言葉を使って書きなさい。

点UP

(5) ──線⑤「これらの特徴を生かして調理する」とありますが、具体的にはどのようにすることで❶「辛い大根下ろし」、❷「辛みを抑えた大根下ろし」を作ることができますか。それぞれ文章中の言葉を使って説明しなさい。

の部分を使うと辛みの少ない大根下ろしを作ることができます。また、ダイコンを力強く直線的に下ろすと、細胞が破壊されて、より辛みが増します。逆に、円をえがくようにやさしく下ろせば、破壊される細胞が少なくなり、辛みが抑えられるのです。

稲垣　栄洋「ダイコンは大きな根？」
〈「キャベツにだって花が咲《さ》く」を、教科書のために書き改めたもの〉より

❷ ——線のカタカナを漢字で書きなさい。

❶ 細長いクキ。
❷ カイワレダイコンのフタバ。
❸ 根をノばす。
❹ 花が付いていたア卜。

❶							❷
(1) ❶ ❷ 10点	10点	(2) 10点	(3) ❶ ❷ ❸ 各5点	(4)	15点	(5) ❶ ❷ 各10点	❶ ❷ ❸ ❹ 各5点

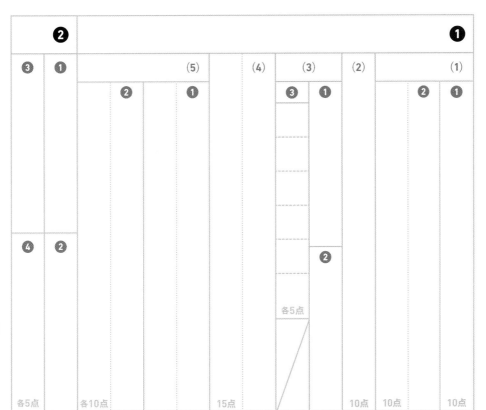

Step 1

ちょっと立ち止まって

15分

❶ 文章を読んで、問いに答えなさい。

▼㊫47ページ5行～48ページ7行

このようなことは、日常生活の中でもよく経験する。今、公園の池に架かっている橋の辺りに目を向けているとしよう。すると、橋の向こうから一人の少女がやって来る。目はその少女に引きつけられる。①このとき、橋や池など周辺のものは全て、単なる②背景になってしまう。カメラでいえば、あっという間に、ピントが少女に合わせられてしまうのである。ところが逆に、その橋の形が珍しく、それに注目しているときは、その上を通る人などは背景になってしまう。

(1) ——線①「このとき」とありますが、どのようなときのことですか。これについて説明した次の文の（　）に入る言葉を抜《ぬ》き出しなさい。

公園の（❶　　）の向こうからやって来る一人の（❷　　）に、目が（❸　　）ているとき。

(2) ——線②「背景」について答えなさい。

❶ この言葉はここではどのような意味で用いられていますか。次から一つ選び、記号で答えなさい。

ア そこにあるものがより美しく見えるように引き立てるもの。

イ 注目を浴びず、そこにあることをあまり意識されないもの。

ウ 見ている人の関心が、均等にはらわれているもの。

（　　）

❷ これと反対の意味を表す言葉を、七字で抜き出しなさい。

(3) ——線③「思いがけない一面」とは何かを説明した一文を探し、初めの五字を抜き出しなさい。

見るという働きには、③思いがけない一面がある。一瞬《いっしゅん》のうちに、中心に見るものを決めたり、それを変えたりすることができるのである。

④上の図の場合はどうであろうか。ちょっとすまして図の奥の方を向いた若い女性の絵と見る人もいれば、毛皮のコートに顎をうずめたおばあさんの絵と見る人もいるだろう。あるいは、他の絵と見る人もいるかもしれない。

だれでも、ひと目見て即座《そくざ》に、何かの絵と見ているはずだが、そうすると、⑤別の絵と見ることは難しい。若い女性の絵だと思った人には、おばあさんの絵は簡単には見えてこない。おばあさんの絵と見るためには、とりあえず、今見えている若い女性の絵を意識して捨て去らなければならない。

※「上の図」…本書ではp.14の図をさす。

桑原　茂夫「ちょっと立ち止まって」〈「だまし絵百科」を、教科書のために書き改めたもの〉より

(4) ——線④「上の図」とありますが、この絵は主に何の絵と何の絵に見えますか。五字以上十字以内で、二つ抜き出しなさい。

(5) ——線⑤「別の絵と見ることは難しい」とありますが、別の絵と見るためにはどうすることが必要なのですか。次から一つ選び、記号で答えなさい。

ア　長い時間をおいて、再び見ること。
イ　今見えている絵を意識して捨て去ること。
ウ　絵を遠ざけ、見る角度を変えること。

（　　）

ヒント

(2) ❶「背景」とは、絵や写真などで主要なものを引き立てるもの。また、後ろにあるもののことも指す。

ここでは、「引き立てる」と「後ろにある」のどちらの意味かな。

(3)「思いがけない」とは、それまで思ってもいなかったということ。筆者は、私たちが意識したことのない見方を示している。

(5) 傍線《ぼうせん》部に続く部分に着目しよう。別の絵として見るためには、今見えている絵をどうすればよいかが書かれている。

Step 2

ちょっと立ち止まって

20分

/100

目標 75点

1 文章を読んで、問いに答えなさい。思

▼教 48ページ8行～49ページ9行

上の図を見てみよう。化粧台の前に座っている女性の絵が見えるであろう。ところがこの図も、①もう一つの絵をかくしもっている。目を遠ざけてみよう。すると、たちまちのうちに、この図はどくろをえがいた絵に変わってしまう。同じ図でも、近くから見るか遠くから見るかによって、全く違う絵として受け取られるのである。

②このことは、なにも絵に限ったことではない。遠くから見れば秀

(1) ――線①「もう一つの絵」とは、どんな絵ですか。文章中から抜《ぬ》き出しなさい。

点UP

(2) ――線②「このこと」とは、どんなことを指していますか。次から一つ選び、記号で答えなさい。

ア 同じ図でも、見るときの気持ちや状況《じょうきょう》によって、全く違うものに見える場合があるということ。

イ 同じ図でも、遠くから見るか近くから見るかによって、違う絵として受け取られるということ。

ウ 同じ図でも、遠くから見るより近くから見たほうが、細かいところまではっきり見えるということ。

エ 同じ図であるかどうか、遠くから見たり近くから見たりして、確認したほうがいいということ。

(3) ――線③「ちょっと立ち止まって」とは、この場合どんな意味ですか。次から一つ選び、記号で答えなさい。

ア 全ての動きを止めて。 イ すぐ決めつけてしまわずに。

ウ 人の意見に耳を傾《かたむ》けて。 エ しばらく考えるのをやめて。

点UP

(4) ――線④「他の見方を試して」みるとは、具体的にどうすることですか。二つ書きなさい。

(5) この文章で筆者が主張していることを、文章中の言葉を使って四十字以内で書きなさい。

麗な富士山も、近づくにつれて、岩石の露出した荒々しい姿に変わる。また、遠くから見ればきれいなビルも、近づいて見ると、ひび割れてすすけた壁面《へきめん》のビルだったりする。

　私たちは、ひと目見たときの印象に縛られ、一面のみを捉えて、その物の全てを知ったように思いがちである。しかし、一つの図でも風景でも、見方によって見えてくるものが違う。そこで、物を見るときには、③ちょっと立ち止まって、④他の見方を試してみてはどうだろうか。中心に見るものを変えたり、見るときの距離を変えたりすれば、その物の他の面に気づき、新しい発見の驚きや喜びを味わうことができるだろう。

※「上の図」…本書ではp.16の図をさす。

桑原　茂夫「ちょっと立ち止まって」〈「だまし絵百科」を、教科書のために書き改めたもの〉より

❷ ――線のカタカナを漢字で書きなさい。

❶ シテキを受ける。　❷ カゲエで遊ぶ。

❸ メズラしい形。　❹ アゴであしらう。

❶						❷	
(1)	(2)	(3)	(4)		(5)	❶	❸
			一つ目	二つ目			
15点	15点	10点	各10点		20点	❷	❹
						各5点	

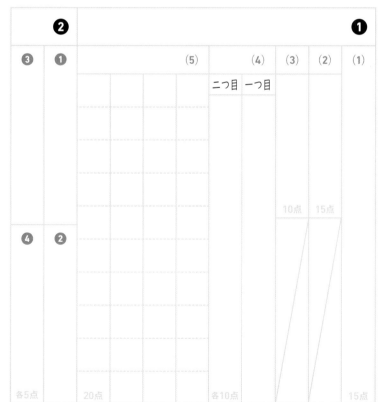

Step 2

文法への扉《とびら》1　言葉のまとまりを考えよう
（ダイコンは大きな根？～情報を引用しよう）

20分

／100
目標 75点

1 ――部の漢字の読み仮名を書きなさい。

1 花の茎。
2 背が伸びる。
3 辛いラーメン。
4 細胞を見る。
5 怒りを抑える。
6 問題を指摘する。
7 影が差す。
8 珍しい色。
9 顎をさわる。
10 化粧をする。
11 露骨にする。
12 時間に縛られる。
13 距離をとる。
14 根拠がある。
15 基礎を理解する。

1			
1	5	9	13
2	6	10	14
3	7	11	15
4	8	12	

各2点

2 カタカナを漢字に直しなさい。

1 フタバが育つ。
2 タイヤのアト。
3 生活のチエ。
4 ケッカイしたダム。
5 ミリョクを知る。
6 海にウかぶ。
7 橋をカける。
8 一番オクの席。
9 申しコみをする。
10 シュウレイな景色。
11 海がアれる。
12 服をタメす。
13 席にスワる。
14 周囲のシンライ。
15 カクニンをとる。

2			
1	5	9	13
2	6	10	14
3	7	11	15
4	8	12	

各2点

❸ 文の区切りに関する次の問いに答えなさい。

(1) 次の文の文節の区切り方として正しいものを後から選び、記号で答えなさい。

ア 雪の下から／フキノトウが／顔を／出す。
イ 雪の／下から／フキノトウが／顔を／出す。
ウ 雪の／下／から／フキノトウが／顔を／出す。

(2) 次の文を例にならって文節に区切りなさい。

例 僕は／図書館で／本を／読む。

❶ 六月は雨の日が多くていやだ。
❷ 明日の授業で僕は論文を発表する。

(3) 次の文の単語の区切り方として正しいものを後から選び、記号で答えなさい。

ア 夏休み―は―毎朝―ジョギングを―する。
イ 夏―休み―は―毎朝―ジョギング―を―する。
ウ 夏休み―は―毎朝―ジョギング―を―する。

(4) 次の文を例にならって単語に区切りなさい。

例 僕―は―プール―で―友達―と―泳い―だ。

❶ 説明が終わると図書館に行った。
❷ 明日からは毎日日記を書こう。

---

❸

(1) 6点

(2) ❶ 六月は雨の日が多くていやだ。
❷ 明日の授業で僕は論文を発表する。
各7点

(3) 6点

(4) ❶ 説明が終わると図書館に行った。
❷ 明日からは毎日日記を書こう。
各7点

テストに出る

言葉の単位

- 文章・談話…一まとまりの内容を文字で書き表したもの。
- 段落…文章をまとまりごとに区切ったもの。
- 文…一続きの言葉。最後に「。（句点）」を付ける。
- 文節…文を意味の上で不自然にならないようにできるだけ短く区切ったまとまり。「ね」「さ」などで分けられる。
- 単語…言葉の意味を壊さないように区切った最小の単位。

Step 1 詩の世界

15分

1 詩を読んで、問いに答えなさい。

▼教 68ページ～71ページ

一枚の絵　木坂《きさか》 涼《りょう》

一羽の水鳥が
ことのほか早く起きて
湖水を
めぐった。
画家きどりで
足を
絵筆にして。

水面《みなも》に
朝の色を配りおわると
水鳥は
湖水の隅で
動きをとめた。
自筆の
サインのように。

---

1 (1) 「一枚の絵」について、答えなさい。
2行目「ことのほか」の意味を次から一つ選び、記号で答えなさい。

ア いつも　イ 格別に　ウ 自然と

(　　)

2 6・7行目「足を／絵筆にして」とはどういうことですか。次から一つ選び、記号で答えなさい。

ア 湖の水面を、絵を描《えが》くように自由に泳ぎ回ること。
イ 足に絵の具を付けて、湖の周りに絵を描くこと。
ウ 多くの水鳥が集まった様子が絵のように見えること。

(　　)

3 7行目「絵筆にして」のあとに続く言葉を、四字で抜き出しなさい。

□□□□

4 13・14行目「自筆の／サインのように」見えるのは何ですか。一語で抜き出しなさい。

(　　)

1 (2) 「未確認飛行物体」について、答えなさい。
8行目「一生けんめいに飛んで行く」とありますが、薬缶は何のために飛んでいるのですか。それが書かれた連続した3行の初めと終わりの行を詩の中から抜き出し、行番号で答えなさい。

(　　)～(　　)

未確認飛行物体　入沢《いりさわ》　康夫《やすお》

薬缶《やかん》だって、
空を飛ばないとはかぎらない。

水のいっぱい入った薬缶が
夜ごと、こっそり台所をぬけ出し、

町の上を、
畑の上を、また、つぎの町の上を
心もち身をかしげて、
一生けんめいに飛んで行く。

天の河の下、渡りの雁《かり》の列の下、
人工衛星の弧の下を、
息せき切って、飛んで、飛んで、
（でももちろん、そんなに速かないんだ）
そのあげく、
砂漠のまん中に一輪咲いた淋《さび》しい花、
大好きなその白い花に、
水をみんなやって戻って来る。

❷ 12行目「そんなに速かないんだ」から、作者の薬缶に対するどのような思いが読み取れますか。次から一つ選び、記号で答えなさい。（　　）

ア 薬缶の動きのこっけいさを、ばかにしている。
イ 薬缶のがんばりを、ほほえましく見守っている。
ウ 薬缶が空を飛ぶことが、まだ信じられずにいる。

❸ 「一枚の絵」・「未確認飛行物体」について説明した文を、次から一つずつ選び、記号で答えなさい。

ア ユニークな発想で物をまるで人のように表現した、楽しさと温かさを感じさせる詩である。
イ 作者の心情の変化を季節の移ろいに重ね合わせた、繊細《せんさい》さとともの悲しさを感じさせる詩である。
ウ 自然の風景をたくみな比喩《ひゆ》を用いて表現した、静かさと美しさを感じさせる詩である。

「一枚の絵」…（　　）　「未確認飛行物体」…（　　）

ヒント

(1) ❹普通の語順なら、「サインのように／動きをとめた。」となることに着目しよう。

(2) ❷「一生けんめいに飛んで行く」薬缶の姿を、温かく見守っているんだね。

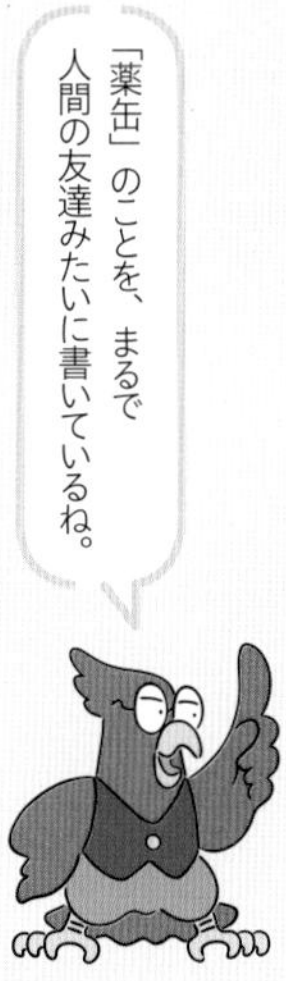
「薬缶」のことを、まるで人間の友達みたいに書いているね。

Step 1

比喩で広がる言葉の世界

15分

❶ 文章を読んで、問いに答えなさい。

▼㊎74ページ1行～75ページ3行

このように、ある事柄を、似たところのある別の事柄で表すことを、①比喩という。「ヨットのようだ」のように、「まるで」「ようだ」「みたいだ」などを使って表すこともあるが、「あの人は歩く辞書だ」のように、②それらの言葉を使わずに表現することもある。大切なことは、たとえるものと、たとえられるものとの間に共通点があり、それが広く共有されていることだ。蝶《ちょう》の羽は、ヨットの帆に形が似ている。だから、③読者は瞬時に情景を思い描く。「④あの人は歩く辞書だ」と聞けば、「あの人」が豊富な知識をもち、たずねればいつでも必要な知識を与えてくれることが伝わってくる。辞書にはたくさんの言葉の意味がのっており、知りたいことがあるときに役立つものだと多くの人に共有されているからだ。

したがって、⑤相手がよく知っているものでたとえれば、未知のものでもわかりやすく説明することができる。例えば、図のような形の部品をあなたならどのように説明するだろうか。真ん中に穴の空いた丸いドーナツを相手が知っているならば、一

(1) ――線①「比喩」とありますが、これはどのようなことですか。二十三字で探し、初めの五字を抜き出しなさい。

(2) ――線②「それらの言葉」とありますが、何を指していますか。三つ抜き出しなさい。

（　）（　）（　）

(3) ――線③「読者は瞬時に情景を思い描く」とありますが、このようなことができるのはなぜですか。次から一つ選び、記号で答えなさい。

ア 蝶の羽もヨットの帆も、誰《だれ》もが見たことがあるものだから。
イ 蝶の羽とヨットの帆が似ていることが、新鮮《しんせん》な発見だから。
ウ 蝶の羽とヨットの帆の形が似ていると、誰もが感じるから。

（　）

(4) ――線④「あの人は歩く辞書だ」というとき、「あの人」と「辞書」の共通点は何ですか。次から一つ選び、記号で答えなさい。

ア どちらも言葉についてよく知っていること。
イ どちらも豊富な知識をそこから得られること。
ウ どちらも言葉についての関心が強いこと。

（　）

図（ドーナツ）：令和２年検定済 光村図書 中国１年より

言で「ドーナツのような形」ということができる。しかし、もし比喩を使わないとしたら、言葉を尽くしても、伝えることは難しいのではないだろうか。このように、比喩には、形状をわかりやすく伝える効果がある。

　また、比喩には、物事の特性をより生き生きと印象づける効果もある。例えば、「雷のような大声」という場合、声の大きさを響き渡る雷鳴にたとえているだけでなく、雷のもつ激烈さや迫力、おそろしさなどのイメージも重ねている。

森山　卓郎「比喩で広がる言葉の世界」より

(5) ——線⑤「相手がよく知っているもの」とありますが、ここでは具体例として何が挙げられていますか。十五字で抜き出しなさい。

(6) この文章の中で挙げられている比喩の効果を、十字以上二十字以内で二つ探し、初めと終わりの五字をそれぞれ抜き出しなさい。

～

～

ヒント

(3) 「たとえるものと、たとえられるものとの間に共通点があり、それが広く共有されている」という内容を、「蝶の羽」と「ヨットの帆」に置き換《か》えて考えよう。

(4) 「あの人」の知識が、言葉に限定されていないことに注意しよう。

辞書にはいろいろな言葉が載《の》っているように、何について尋《たず》ねても知っている、という意味だよ。

Step 2

比喩で広がる言葉の世界

20分

／100

目標 75点

❶ 文章を読んで、問いに答えなさい。思

▼教 74ページ10行～75ページ13行

したがって、相手がよく知っているものでたとえれば、未知のものでもわかりやすく説明することができる。例えば、図のような形の部品をあなたならどのように説明するだろうか。真ん中に穴の空いた丸いドーナツを相手が知っているならば、一言で「ドーナツのような形」ということができる。しかし、もし比喩を使わないとしたら、言葉を尽くしても、伝えることは難しいのではないだろうか。このように、①比喩には、形状をわかりやすく伝える効果がある。

また、比喩には、②物事の特性をより生き生きと印象づける効果もある。例えば、「雷のような大声」という場合、声の大きさを響き渡る雷鳴にたとえているだけでなく、雷のもつ激烈さや迫力、おそろしさなどのイメージも重ねている。

実は、こうした比喩の発想は、普段私たちが比喩だと認識していないような表現の中にも生きている。例えば、③「頭の中に入れておく」

(1) ――線①「比喩には、形状をわかりやすく伝える効果がある」とありますが、比喩を用いて形状を伝えるためには、前提としてどのようなことが必要ですか。次の（　）に当てはまる言葉を抜き出しなさい。

比喩に用いるものを、（　　　　）こと。

(2) ――線②「物事の特性をより生き生きと印象づける」とありますが、「雷のような大声」という比喩で表現される特性とはどのようなものですか。文章中の言葉を用いて書きなさい。

(3) ――線③「頭の中に入れておく」について、

点UP ❶ これは、どのようなことを説明するための具体例として挙げられていますか。

❷ この比喩では、何が何に、また、別の何が何にたとえられていますか。二つに分けて、それぞれ書きなさい。

(4) ――線④「深く感謝する」とありますが、これと同じ種類の比喩が用いられている文を次から一つ選び、記号で答えなさい。

ア 高い山脈が連なる地方。　イ 兄は僕より背が高い。

ウ 高い志《こころざし》をもって入学する。

点UP (5) ――線⑤「形のないものでも……できる」とありますが、これは、比喩にどのような効果があるからですか。文章中の言葉を用いて答えなさい。

図（ドーナツ）：令和２年検定済 光村図書 中国１年より

「そのことで頭の中がいっぱいだ」「緊張して、頭の中が空っぽになる」などという表現では、「頭」が「入れ物」、知識や感情が「その中に入っているもの」として捉えられている。「胸がいっぱいだ」「心が満たされる」なども同様だろう。

さらに、④「深く感謝する」「深い感動」のような表現にも、比喩の発想が生かされている。本来、「深い」は、「深い池」のように、表面からの距離が離れている様子を表す。しかし、表面からはうかがい知れないほどの中身があるといった意味で、精神活動についても「深さ」が用いられる。思考や感情など、⑤形のないものでも、こうした比喩の発想によって表現していくことができる。

森山　卓郎「比喩で広がる言葉の世界」より

❷ ――線のカタカナを漢字で書きなさい。

❶ 波にユれる。
❷ ヨットのホを張る。
❸ シュンジに動く。
❹ 才能がカガヤく。

❶								❷	
(1) 15点	(2) 15点	(3) ❶ 15点	(3) ❷ がに。 各5点	(3) ❷ がに。	(4) 10点	(5)	15点	❶ ❷	❸ ❹ 各5点

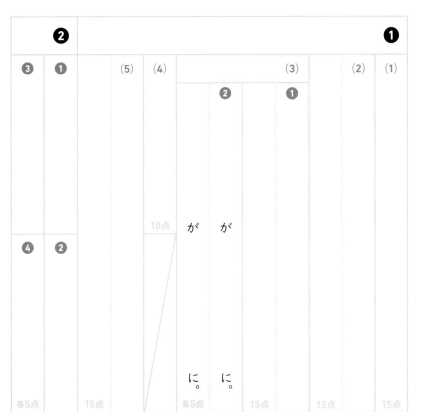

Step 2

言葉1　指示する語句と接続する語句
（詩の世界～本の中の中学生）

20分

/100
目標 75点

1 ――部の漢字の読み仮名を書きなさい。

1 名称を考える。
2 木を伐採する。
3 声が響く。
4 迫力に驚く。
5 緊張している。
6 宝石が輝く。
7 工夫をこらす。
8 技を極める。
9 程よい力。
10 連絡事項
11 透き通る白さ。
12 紹介する。
13 髪を守る。
14 扉を閉める。
15 水に溶ける。

各2点

2 ――カタカナを漢字に直しなさい。

1 フツウの考え。
2 部屋のスミ。
3 橋をワタる。
4 サバクを歩く。
5 桜がサく。
6 来た道をモドる。
7 ヒユで伝える。
8 風にユられる。
9 船のホがなびく。
10 私のテガラ。
11 シュンジに判断する。
12 絵をエガく。
13 役割をアタえる。
14 カミナリの音。
15 言葉をツくす。

各2点

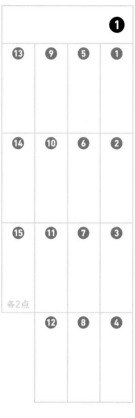

❸ 指示する語句に関する次の問いに答えなさい。

(1) 次の――線の指示する語句が指し示す内容を、それぞれ抜き出しなさい。

❶ ツバメもペンギンも同じ鳥類である。後者は進化の過程で飛行することができなくなったのである。

❷ 海外の絵本を妹にプレゼントした。妹はそれをうれしそうに読んでいる。

❹ 接続する語句に関する次の問いに答えなさい。

(1) 次の（　）に当てはまる接続する語句を後から選び、記号で答えなさい。

❶ 毎日練習をがんばった。（　）、試合に勝った。

❷ 毎日練習をがんばった。（　）、試合に負けた。

ア　しかし　　イ　さらに　　ウ　だから　　エ　つまり

(2) 次の――線の接続する語句の働きを後から選び、記号で答えなさい。

❶ 雨が降ってきた。そのうえ、かみなりも鳴っている。

❷ 好きな本を借りることができる。ただし、五冊までだ。

❸ 明日は家にいますか。それとも、出かける予定ですか。

ア　順接　　イ　逆接　　ウ　累加
エ　対比・選択　　オ　補足　　カ　転換《てんかん》

❸	(1)	❶
		❷ 各6点
❹	(1)	❶
		❷ 各5点
	(2)	❶
		❷
		❸ 各6点

テストに出る

●指示する語句…具体的な名称の代わりに物や場所を指し示したり、物や場所が不明であることを示したりする言葉。

●接続する語句…前後の語句や文、段落の関係を示す言葉。

順接	前の内容が後の内容の原因・結果となる。	例 だから
逆接	前の内容と逆の内容が後にくる。	例 しかし
並列 累加	前の内容と並べたり、付け加えたりする。	例 そして ならびに
対比 選択	前の内容と比べたり、どちらかを選んだりする。	例 または それとも
説明 補足	前の内容をまとめたり、補ったりする。	例 ただし 例えば
転換	前の内容と話題を変える。	例 ところで

Step 1 大人になれなかった弟たちに……

15分

❶ 文章を読んで、問いに答えなさい。

▼教 96ページ11行〜99ページ17行

弟は生まれて間もないのですが、いつも泣かないで一人でおとなしくねていました。母は穴を掘りながら、ヒロユキがおとなしいから助かる、と言っていました。

そのころは食べ物が十分になかったので、母は僕たちに食べさせて、自分はあまり食べませんでした。でも弟のヒロユキには、母のお乳が食べ物です。母は自分が食べないので、お乳が出なくなりました。①ヒロユキは食べるものがありません。おもゆといっておかゆのもっと薄いのを食べさせたり、やぎのミルクを遠くまで買いに行って飲ませたりしました。

でも、ときどき配給がありました。ミルクが一缶、それがヒロユキの大切な大切な食べ物でした……。

みんなにはとうていわからないでしょうが、そのころ、甘いものはぜんぜんなかったのです。あめもチョコレートもアイスクリームも、お菓子はなんにもないころなのです。食いしん坊だった僕には、甘い甘い弟のミルクは、よだれが出るほど飲みたいものでした。

母は、よく言いました。ミルクはヒロユキのご飯だから、ヒロユキはそれしか食べられないのだからと──。

でも、僕はかくれて、ヒロユキの大切なミルクを盗み飲みしてしまいました。それも、何回も……。

(1) ──線①「ヒロユキは食べるものがありません」とありますが、ヒロユキが食べられたものは何でしたか。三つ書きなさい。

(　　)(　　)(　　)

(2) ──線②「それ」とありますが、何を指しますか。「……すること。」に続くように、十六字で抜き出しなさい。

□□□□□□□□□□□□□□□□ すること。

(3) ──線③「でも、僕は飲んでしまったのです」とありますが、ここから「僕」のどのような気持ちが読み取れますか。次から一つ選び、記号で答えなさい。

ア　ミルクが弟の命にかかわるとわかっていながらミルクを飲んでしまったことを、激しく悔やむ気持ち。

イ　弟にとって大切なものだとわかっていても空腹には勝てなかったと、言い訳する気持ち。

ウ　弟が貴重なミルクを自分に分け与えてくれたことに、深く感謝する気持ち。

(　　)

僕には②それがどんなに悪いことか、よくわかっていたのです。③でも、僕は飲んでしまったのです。僕は弟がかわいくてかわいくてしかたがなかったのですが、……それなのに飲んでしまいました。

あまり空襲がひどくなってきたので、母は疎開しようと言いだしました。それである日、祖母と四歳の妹に留守番を頼んで、母が弟をおんぶして僕と三人で、親戚のいる田舎《いなか》へ出かけました。ところが、親戚の人は、はるばる出かけてきた母と弟と僕を見るなり、うちに食べ物はないと言いました。僕たちは食べ物をもらいに行ったのではなかったのです。引っ越しの相談に行ったのに。母はそれを聞くなり、僕に帰ろうと言って、くるりと後ろを向いて帰りました。

④そのときの顔を、僕は今でも忘れません。強い顔でした。でも悲しい悲しい顔でした。僕はあんなに美しい顔を見たことはありません。僕たち子供を必死で守ってくれる母の顔は、美しいです。僕はあのときのことを思うと、いつも胸がいっぱいになります。

母は行ったこともない山の中の親切な人に頼んで、やっと疎開先が決まりました。⑤とりあえず必要な荷物だけを持って、引っ越しすることになりました。それでも、荷物は馬車一台ありました。僕と母と祖母と妹、それに弟は、その馬車の荷物の上に座って、ゆらりゆらり揺られながら、朝、家を出て、南に向かって旅立ちました。福岡から南へ二十キロくらい行った、石釜《いしがま》という山あいの村です。

米倉　斉加年「大人になれなかった弟たちに……」〈おとなになれなかった弟たちに……〉より

(4) ――線④「そのときの顔」とありますが、この顔から、母のどのような思いが読み取れますか。当てはまらないものを次から一つ選び、記号で答えなさい。

ア　自分たち家族の必死の相談を冷たく拒絶されたという、絶望。
イ　「僕」が自分を手助けしてくれるに違いないという、期待。
ウ　子供たちは絶対に自分の力で守っていくのだという、決意。

(5) ――線⑤「とりあえず……引っ越しすることになりました」とありますが、なぜ引っ越しをしたのですか。次から一つ選び、記号で答えなさい。

ア　ヒロユキのミルクを手に入れることが難しくなったため。
イ　空襲がひどく、そのまま住んでいると命の危険があるため。
ウ　田舎の方が、子どもたちの食べ物を分けてもらいやすいため。

ヒント

(3) 普通の食事がとれないヒロユキにとって、配給のミルクは命を守る大切なものだということは、「僕」にもわかっていた。しかし、「僕」も常にお腹をすかせ、甘いものに飢《う》えていたのである。

(4) 疎開の相談をしに行ったのに、親戚に冷たい仕打ちを受けて帰るときの母の顔だ。

「強い顔」と「悲しい顔」に分けて考えよう。

Step 2

大人になれなかった弟たちに……

20分

／100
目標 75点

1 文章を読んで、問いに答えなさい。思

▼教 101ページ15行〜103ページ11行

疎開しても、ヒロユキのお乳には困りました。隣村にやぎを飼っている農家があると聞いては、母が着物をふろしきに包んで出かけました。

①母の着物はなくなりました。

ヒロユキをおんぶして、僕はよく川へ遊びに出かけました。僕は弟が欲しかったので、よくかわいがりました。

ヒロユキは病気になりました。僕たちの村から三里くらい離れた町の病院に入院しました。僕は学校から帰ると、毎日、まきと食べ物を祖母に用意してもらい、母と弟のいる病院に、バスに乗って出かけました。

十日間くらい入院したでしょうか。

②ヒロユキは死にました。

暗い電気の下で、小さな小さな口に綿に含ませた水を飲ませた夜を、僕は忘れられません。泣きもせず、弟は静かに息をひきとりました。母と僕に見守られて、弟は死にました。病名はありません。栄養失調です……。

死んだ弟を母がおんぶして、僕は片手にやかん、そして片手にヒロユキの身の回りのものを入れた小さなふろしき包みを持って、家に帰りました。

(1) ――線①「母の着物はなくなりました」とありますが、なぜなくなったのですか。「農家」「お乳」という言葉を用いて説明しなさい。

(2) ――線②「ヒロユキは死にました」とありますが、ヒロユキの死の原因を、文章中から四字で抜き出しなさい。

(3) ――線③「空は高く高く……歩いているのは三人だけです」とありますが、この情景描写から「僕」のどんな気持ちが読み取れますか。次から一つ選び、記号で答えなさい。

ア 戦争で大切なものを失ったつらさをはっきりと感じている。
イ ヒロユキの死を家族で見守れたことに満足している。
ウ 子どもを必死で守ろうとする母の愛情と強さに感動している。

点UP

(4) ――線④「ヒロユキは幸せだった」と言ったときの母の気持ちを次から一つ選び、記号で答えなさい。

ア ヒロユキの死を受け入れて悲しみにたえるためには、こう思うしかないという気持ち。
イ 食べるものもない苦しい生活から解放されて、本当に良かったという気持ち。
ウ ヒロユキは死んでしまったけれど、みんながヒロユキの病気を治そうとしてくれたことに感謝する気持ち。

点UP

(5) ――線⑤「そのとき、母は初めて泣きました」とありますが、このときの母の様子を答えなさい。

白い乾いた一本道を、三人で山の村に向かって歩き続けました。バスがありましたが、母は弟が死んでいるのでほかの人に遠慮したのでしょう、三里の道を歩きました。

③空は高く高く青く澄んでいました。ブウーンブウーンというB29の独特のエンジンの音がして、青空にきらっきらっと機体が美しく輝いています。道にも畑にも、人影はありませんでした。歩いているのは三人だけです。

母がときどきヒロユキの顔に飛んでくるはえを手ではらいながら、言いました。

④「ヒロユキは幸せだった。母と兄とお医者さん、看護婦さんにみとられて死んだのだから。空襲の爆撃で死ねば、みんなばらばらで死ぬから、もっとかわいそうだった。」

家では祖母と妹が、泣いて待っていました。部屋を貸してくださっていた農家のおじいさんが、杉板を削って小さな小さな棺を作っていてくださいました。弟はその小さな小さな棺に、母と僕の手でねかされました。小さな弟でしたが、棺が小さすぎて入りませんでした。

母が、⑤大きくなっていたんだね、とヒロユキのひざを曲げて棺に入れました。そのとき、母は初めて泣きました。

米倉　斉加年「大人になれなかった弟たちに……」
〈おとなになれなかった弟たちに……〉より

2 ――線のカタカナを漢字で書きなさい。

❶ 穴をホる。
❷ 空きカンを捨てる。
❸ 空を雲がオオう。
❹ 席をコウカンする。

1	(1) 20点
	(2) 10点
	(3) 15点
	(4) 15点
	(5) 20点
2	❶ ❷ ❸ ❹ 各5点

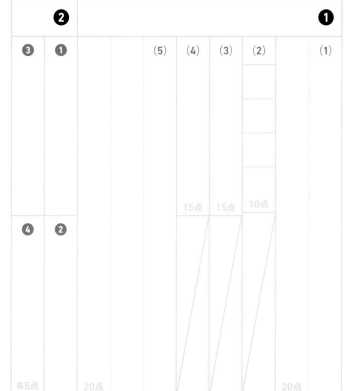

Step 1

星の花が降るころに

15分

❶ 文章を読んで、問いに答えなさい。

▼教 107ページ13行～109ページ11行

隣の教室の授業も終わったらしく、椅子を引く音がガタガタと聞こえてきた。①私は戸部《とべ》君を押しのけるようにして立ち上がると廊下に向かった。

戸部君に関わり合っている暇はない。今日こそは仲直りをすると決めてきたのだ。はられたポスターや掲示《けいじ》を眺めるふりをしながら、②廊下で夏実《なつみ》が出てくるのを待った。

夏実とは中学に上がってもずっと親友でいようと約束をしていた。だから春の間はクラスが違っても必ずいっしょに帰っていた。それなのに、何度か小さな擦れ違いや誤解が重なるうち、別々に帰るようになってしまった。おたがいに意地を張っていたのかもしれない。

お守りみたいな小さなビニール袋をポケットの上から③そっとなでた。中には銀木犀《ぎんもくせい》の花が入っている。もう香りはなくなっているけれどかまわない。去年の秋、この花で何か手作りに挑戦しようと言ってそのままになっていた。香水はもう無理でも試しにせっけんを作ってみよう、そして秋になったら新しい花を拾って、それでポプリなんかも作ってみよう……そう誘ってみるつもりだった。夏実だって、私から言いだすのをきっと待っているはずだ。

夏実の姿が目に入った。教室を出てこちらに向かってくる。

そのとたん、私は自分の心臓がどこにあるのかがはっきりわかっ

(1) ——線①「私は戸部君を押しのけるようにして」から、「私」のどんな様子がわかりますか。次から一つ選び、記号で答えなさい。

ア 楽しそうな様子。　イ くつろいでいる様子。

ウ 急いでいる様子。

（　　）

(2) ——線②「夏実が出てくるのを待った」とありますが、その理由を「……ため。」に続くように、六字で抜き出しなさい。

□□□□□□

(3) ——線③「そっとなでた」とき、「私」はどんなことを思っていましたか。次から一つ選び、記号で答えなさい。

ア 花の香りがなくなったことを残念に思っている。

イ 大事な花を、ずっと大切にしようと思っている。

ウ 勇気を出して夏実に話しかけようと思っている。

（　　）

(4) ——線④「あの、夏実——」と声をかけたときの「私」は、どんな様子でしたか。これについて次の説明した文の（　）に当てはまる言葉を後から選び、記号で答えなさい。

落ち着こうとはするものの、自分の（❶　　）がどこにあるのかがわかるほど（❷　　）しており、ふみ出した足がぎこちなくなっている。

ア 誤解　イ 心臓　ウ 緊張　エ 意地

た。どきどき鳴る胸をなだめるように一つ息を吸ってはくと、ぎこちなく足をふみ出した。

④「あの、夏実――」

私が声をかけたのと、隣のクラスの子が夏実に話しかけたのが同時だった。夏実は一瞬とまどったような顔でこちらを見た後、隣の子に何か答えながら私からすっと顔を背けた。そして目の前を通り過ぎて行ってしまった。音のないこま送りの映像を見ているように、変に長く感じられた。

騒々しさがやっと耳に戻ったとき、教室の中の戸部君がこちらを見ていることに気づいた。私はきっとひどい顔をしている。唇がふるえているし、目のふちが熱い。きまりが悪くてはじかれたようにその場を離れると、⑤窓に駆け寄って下をのぞいた。裏門にも、コンクリートの通路にも人の姿はない。どこも強い日差しのせいで、色が飛んでしまったみたい。貧血を起こしたときに見える白々とした光景によく似ている。

【私は外にいる友達を探しているふうに熱心に下を眺めた。本当は友達なんていないのに。夏実の他には友達とよびたい人なんてだれもいないのに。】

安東　みきえ「星の花が降るころに」より

(5) ――線⑤「窓に駆け寄って下をのぞいた」とありますが、このときの「私」の気持ちを次から二つ選び、記号で答えなさい。

ア 強い日差しを浴びて、気分転換したい。
イ 外にいる友達を探して、声をかけたい。
ウ 戸部君に自分の顔を見られたくない。
エ 誰《だれ》にも見られないところで泣きたい。
オ 夏実の反応がショックで、何も考えられない。

❶（　　）　❷（　　）

(6) 【 】の部分の表現について説明したものを次から一つ選び、記号で答えなさい。（　　）

ア 言葉の順序を普通と入れ替《か》えて、いちばん大切な友だちを失った「私」の絶望を強調している。
イ 「友達」という言葉を繰《く》り返し、新たな友達を見つけようという「私」の決意を描写している。
ウ 比喩を用いて「私」の行動を描き、戸部君の視線を意識している「私」の焦《あせ》りを表現している。

ヒント

(4) 仲たがいをしてしまった夏実に、勇気を出して話しかけようとしている場面だよ。

「自分の心臓がどこにあるのかわかった」とは、どんな状態のことだろう。

(5) 「騒々しさがやっと耳に戻」るまでは何の音も聞こえなかったほど、「私」が強い衝撃《しょうげき》を受けたことが読み取れる。

Step 2

星の花が降るころに

20分

/100

目標 75点

❶ 文章を読んで、問いに答えなさい。思

▼教 109ページ15行～112ページ7行

もう九月というのに、昨日も真夏日だった。①校庭に出ると、毛穴という毛穴から魂がぬるぬると溶け出してしまいそうに暑かった。運動部のみんなはサバンナの動物みたいで、入れかわり立ちかわり水を飲みにやって来る。②水飲み場の近くに座って戸部《とべ》君を探した。夏実《なつみ》とのことを見られたのが気がかりだった。繊細《せんさい》さのかけらもない戸部君だから、みんなの前で何を言いだすか知れたものじゃない。どこまでわかっているのか探っておきたかった。だいたいなんであんな場面をのんびりと眺めていたのだろう。それを考えると弱みをにぎられた気分になり、八つ当たりとわかっても憎らしくてしかたがなかった。

戸部君の姿がやっと見つかった。

なかなか探せないはずだ。サッカーの練習をしているみんなとは離れた所で、一人ボールを磨いていた。

サッカーボールはぬい目が弱い。そこからほころびる。だから砂を落としてやらないとだめなんだ。使いたいときだけ使って、手入れをしないでいるのはだめなんだ。いつか戸部君がそう言っていたのを思い出した。

③日陰もない校庭の隅っこで背中を丸め、黙々とボール磨きをしている戸部君を見ていたら、なんだか急に自分の考えていたことがひ

(1) ――線①「校庭に出ると、……暑かった」とありますが、これと対照的な「私」の様子を描写した一文を探し、初めの五字を抜き出しなさい。

(2) ――線②「水飲み場の近くに座って戸部君を探した」とありますが、「私」は何のために戸部君を探したのですか。

点UP

(3) ――線③「日陰もない……戸部君」とありますが、「私」はここから戸部君のどんな様子を感じ取ったのですか。次から一つ選び、記号で答えなさい。

ア 地味だが大切な作業を、自分の意思でこつこつとやる様子。

イ みんなが嫌がる作業を、無理矢理押しつけられている様子。

ウ 周囲からの評価を得るため、細かい仕事も率先してやる様子。

(4) ――線④「後ろから『おい。』と声をかけられた」とありますが、戸部君は何のために「私」に声をかけたと考えられますか。

(5) ――線⑤「涙がにじんできたのは……たぶん」とありますが、ここから「私」の戸部君に対するどのような思いが捉えられますか。次から一つ選び、記号で答えなさい。

ア 不信感　イ 憧《あこが》れ　ウ 感謝

点UP

(6) ══線「中学生になって…ずっと高くなっている」とありますが、「私」はこのとき、戸部君の身長以外にどんなことに気づいたと考えられますか。考えて書きなさい。

どく小さく、くだらないことに思えてきた。

立ち上がって水道の蛇口《じゃぐち》をひねった。水をぱしゃぱしゃと顔にかけた。冷たかった。溶け出していた魂がもう一度引っ込み、やっと顔の輪郭《りんかく》が戻ってきたような気がした。

てのひらに水を受けて何度もほおをたたいていると、足音が近づいてきた。④後ろから「おい。」と声をかけられた。戸部君だ。ずっと耳になじんでいた声だからすぐわかる。

顔を拭きながら振り返ると、戸部君が言った。

「俺、考えたんだ。」

ハンドタオルから目だけを出して戸部君を見つめた。何を言われるのか少し怖くて黙っていた。

「ほら、『あたかも』という言葉を使って文を作りなさいってやつ。」

「ああ、なんだ。あれのこと。」

「いいか、よく聞けよ……おまえは俺を意外とハンサムだと思ったことが――」にやりと笑った。「――あたかもしれない。」

やっぱり戸部君って、わけがわからない。

二人で顔を見合わせてふき出した。中学生になってちゃんと向き合ったことがなかったから気づかなかったけれど、私より低かったはずの戸部君の背はいつのまにか私よりずっと高くなっている。

私はタオルを当てて笑っていた。⑤涙がにじんできたのはあんまり笑いすぎたせいだ、たぶん。

安東　みきえ「星の花が降るころに」より

2 ――線のカタカナを漢字で書きなさい。

1 何回もチョウセンする。　2 遊びにサソう。
3 クチビルをかむ。　4 不安をカカえる。

1						2	
(1) 10点	(2) 15点	(3) 10点	(4) 15点	(5) 10点	(6) 20点	1	3
						2	4 各5点

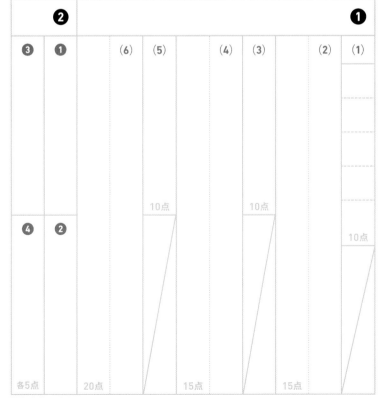

Step 2 言葉2 方言と共通語／漢字2 漢字の音訓
（大人になれなかった弟たちに……～漢字2）

20分
／100
目標 75点

❶ ——部の漢字の読み仮名を書きなさい。

1 爆弾を見つける。
2 皮が薄い。
3 お菓子を作る。
4 疎開した妹。
5 親戚に会う。
6 渓谷に行く。
7 厄介な問題。
8 乾いたパン。
9 敵を撃破する。
10 出棺の時刻。
11 顔を背ける。
12 香水をつける。
13 貧血になる。
14 秘密を探る。
15 掃除をする。

❶

1	5	9	13
2	6	10	14
3	7	11	15
4	8	12	各2点

❷ カタカナを漢字に直しなさい。

1 クウシュウが始まる。
2 ジュクへ行く。
3 コウハイと遊ぶ。
4 ヌスみ飲みをする。
5 ナナサイになる。
6 ロウカを歩く。
7 すぐにカけ寄る。
8 オソくに起きる。
9 エンリョする
10 スギの木。
11 木をケズる。
12 ヒカゲで休む。
13 手の水をフく。
14 ナミダをこらえる。
15 トナリの部屋。

❷

1	5	9	13
2	6	10	14
3	7	11	15
4	8	12	各2点

❸ 方言・共通語に関する、次の問いに答えなさい。

(1) 次の（　）に当てはまる言葉を後から選び、記号で答えなさい。

語句・表現・文法・（❶　）などに地域ごとの特色が表れた言葉を（❷　）という。（❸　）や地域の人との交流で自然と身につく言葉であるため、自分の感情や感覚を（❹　）に即した言葉で言い表せるという特徴がある。

一方、日本全国、どの地域の人にも通用する言葉を（❺　）といい、全国向けのニュースや（❻　）が対象の文章に用いられる。

ア 方言　イ 共通語　ウ 実感　エ 家族
オ 発音　カ 不特定多数

❹ 漢字の音訓に関する、次の問いに答えなさい。

(1) 次の漢字の音に注意して、――線の漢字の読み仮名を平仮名で書きなさい。

❶ 恵
A 知恵をめぐらす。
B 自然の恩恵を受ける。

❷ 模
A 模型を組み立てる。
B 規模が大きくなる。

❸ 然
A 天然記念物に指定される。
B 全然気にしていない。

(2) 次の漢字の訓に注意して、――線の漢字の読み仮名を平仮名で書きなさい。

❶ 汚
A 汚れた服を洗う。
B 汚い部屋を掃除する。

❷ 弾
A バイオリンを弾く。
B ボールが高く弾む。

❸ 滑
A 氷の上を滑る。
B 指を滑らかに動かす。

(3) 次の――線の漢字の読み仮名を平仮名で書きなさい。

❶ 色紙
A 色紙でツルを折る。
B 色紙に寄せ書きを書く。

❷ 上手
A 舞台《ぶたい》の上手から登場する。
B 妹は歌が上手です。

❸ 大家
A アパートの大家さん。
B 書道の大家の作品。

❹ 分別
A 妹も分別のつく年頃《としごろ》になった。
B ごみをきちんと分別して出す。

大問	小問	番号	A	B
❸	(1)	❶		
❸	(1)	❷		
❸	(1)	❸		
❸	(1)	❹		
❸	(1)	❺		
❸	(1)	❻		
	各1点			
❹	(1)	❶		
❹	(1)	❷		
❹	(1)	❸		
	各3点			
❹	(2)	❶		
❹	(2)	❷		
❹	(2)	❸		
	各3点			
❹	(3)	❶		
❹	(3)	❷		
❹	(3)	❸		
❹	(3)	❹		
	各2点			

Step 1 「言葉」をもつ鳥、シジュウカラ

15分

1 文章を読んで、問いに答えなさい。

▼教 127ページ3行～129ページ7行

シジュウカラは、春のおとずれとともに繁殖期をむかえます。木のうろなどにこけを運んで巣を作り、毎朝一つずつ、合計六個から十三個ほどの卵を産みます。ひながかえると、つがいで協力して青虫などの餌を巣に運び、子育てをします。

私は二〇〇五年から毎年、長野県軽《かる》井《い》沢《ざわ》町《まち》のとある森に巣箱を掛けて、繁殖したシジュウカラの様子を観察してきました。二〇〇八年六月のある日、①研究の転機がおとずれました。いつものように観察に向かうと、シジュウカラの巣箱にアオダイショウが迫り、ひなを食べようとしているところに出くわしたのです。そのとき、親鳥はヘビに接近し、つばさを広げて威嚇しながら、けたたましく「ジャージャー」と鳴いていました。それまで、朝から夕方までシジュウカラを観察してきましたが、こんな鳴き声を聞いたのは初めてでした。シジュウカラの卵やひなを襲う天敵には、ヘビの他にカラスやネコ、イタチ類が挙げられます。親鳥は、これらの天敵には「ピーツピ」と鳴くのに対し、ヘビにだけは「ジャージャー」と鳴いていたのです。鳴き声を録音し、コンピュータで分析してみても、その違いは明らかでした。

私は、②これらの観察から、シジュウカラの「ジャージャー」という鳴き声が、警戒すべき対象としての「ヘビ」を意味する「単語」

(1) ――線①「研究の転機」とありますが、どのようなことがあったのですか。これについて説明した次の文の□に当てはまる言葉を抜き出しなさい。

巣箱を襲ったヘビを□□するために、親鳥が他の□□に対してとは違う鳴き声を出していたこと。

(2) ――線②「これらの観察」とありますが、筆者はここからどのような仮説を立てましたか。次から一つ選び、記号で答えなさい。

ア シジュウカラにとって、ヘビが最も警戒すべき対象であること。
イ シジュウカラの鳴き声には、単語になっているものがあること。
ウ シジュウカラが、鳴き声によって仲間に助けを呼んでいること。

（　　）

1 (3) ――線③「鳴き声を発する状況を記録する」とありますが、筆者は何を調べることを目的としてこのような記録をしたのですか。次から一つ選び、記号で答えなさい。

ア シジュウカラが鳴き声を上げる理由。
イ シジュウカラがつがいの相手を呼ぶ方法。
ウ シジュウカラの鳴き声がもつ意味。

（　　）

になっているのではないかという仮説を立てました。ここでの「単語」とは、「ヘビ」や「タカ」といった異なる意味を伝える一つ一つの鳴き声だと定義することにします。

　では、シジュウカラの「ジャージャー」という鳴き声がヘビを示す「単語」であるかどうかを調べるには、どうすればよいのでしょうか。③鳴き声を発する状況を記録するのはもちろんですが、それだけでは意味を確かめることはできません。ヘビの存在をつがい相手に伝えるために「ジャージャー」と鳴いているのか、それとも単なる恐怖《きょうふ》心から鳴き声を発しているのかが区別できないからです。そこで私は、鳴き声を聞いたシジュウカラが、どのように振る舞うのかを詳しく調べてみることにしました。もし「ジャージャー」という鳴き声がヘビを意味する「単語」であるならば、それを聞いたシジュウカラはヘビを警戒するようなしぐさを示すかもしれないと考えたのです。

　まず、あらかじめ録音しておいた「ジャージャー」という鳴き声を基に、三分の長さの音声ファイルを作成しました。シジュウカラのつがいのうち一羽が、ヘビを見つけてくり返し「ジャージャー」と鳴いている状況をまねたのです。そして、④その音声をヘビのいない状況でスピーカーから流して聞かせ、シジュウカラの行動変化を観察しました。

鈴木　俊貴「『言葉』をもつ鳥、シジュウカラ」より

❷ この方法には、どんな問題点がありましたか。これについて説明した次の（　）に当てはまる言葉を抜き出しなさい。

鳴き声によって（　　　）を伝えているのか、
単なる（　　　）から鳴いているのかが区別できないこと。

❸ ❷の問題点を解決するために、筆者は何について調べましたか。「……ということ。」に続く形で、抜き出しなさい。

（　　　）ということ。

(4) ――線④「その音声」とありますが、どのような音声ですか。次の□に当てはまる言葉を抜き出しなさい。

シジュウカラが□□を見つけて「ジャージャー」と
□□□□□□□をまねた音声。

ヒント

(1)「転機」とは、重大な変わり目のこと。

(3) (2)の仮説を証明するために、筆者はいろいろな方法を用いてシジュウカラの鳴き声を調べているよ。

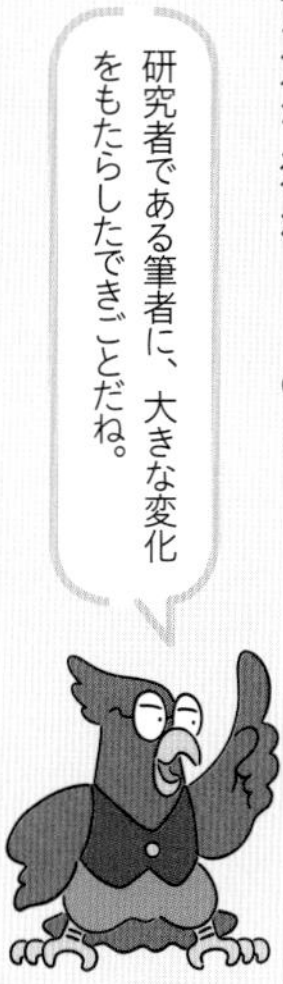
研究者である筆者に、大きな変化をもたらしたできごとだね。

Step 2

「言葉」をもつ鳥、シジュウカラ

20分

/100

目標 75点

1 文章を読んで、問いに答えなさい。思

▼教 130ページ1行～132ページ4行

ヘビは地面から木をはい上り、巣箱に侵入《しんにゅう》して卵やひなを襲います。親鳥が卵やひなを守るためには、ヘビをいち早く見つけ出し、追い払わなければなりません。①「ジャージャー」という鳴き声を聞いて地面や巣箱を確認しに行くことは、親鳥がヘビの居場所をつき止めるうえで大いに役立つと考えられます。

しかし、この実験結果から、シジュウカラの「ジャージャー」という鳴き声がヘビを示す「単語」であると、十分に主張できるでしょうか。もしかしたら、「ジャージャー」という鳴き声は、「地面や巣箱を確認しろ。」といった命令であり、それを聞いたシジュウカラはヘビの姿をイメージすることなく、それらの行動を取ったのかもしれません。

そこで今度は、②「ジャージャー」という鳴き声を聞いたシジュウカラが、実際にヘビの姿をイメージしているのか検証しようと考えました。私たちの場合、単語から得たイメージによって、物の見え方が変わってしまうことがあります。例えば、③道路に落ちた木の枝でも、誰かがそれを指して「ヘビだ!」と言ったら、周りの人は思わず身構えることでしょう。これは、「ヘビ」という単語からその姿をイメージし、枝を一瞬、本物のヘビと見間違えてしまうからです。同じように、シジュウカラにも見間違いが観察されれば、「ジャー

点UP

(1) ――線①「『ジャージャー』という鳴き声」とありますが、筆者はシジュウカラがこのような鳴き声を出す理由として、どのような可能性を考えていますか。二つに分けて説明しなさい。

(2) ――線②「『ジャージャー』という鳴き声を聞いた……検証しよう」とありますが、筆者はこのためにどのような実験をしましたか。これについて説明した次の文の(　)に当てはまる言葉を、文章中からそれぞれ二字で抜き出しなさい。

シジュウカラに、動く(❶　)を見せながら「ジャージャー」という鳴き声を聞かせたとき、シジュウカラがそれがヘビなのかを(❷　)するかどうかを観察した。

(3) ――線③「道路に落ちた木の枝でも……身構えることでしょう」とありますが、これはどのようなことの具体例として挙げられていますか。三十字程度で探し、初めと終わりの三字をそれぞれ抜き出しなさい。

点UP

(4) ――線④「同様の結果」とありますが、どういう結果ですか。簡潔に説明しなさい。

(5) ――線⑤「シジュウカラは……イメージし」とありますが、このシジュウカラの習性は、生きていくうえでどのようなときに役立つのですか。「親鳥」「ヘビ」という言葉を用いて説明しなさい。

ジャー」という鳴き声からヘビの姿をイメージした証拠になると考えられます。

実験の手順は、以下のとおりです。まず、二十センチメートルほどの長さの小枝にひもを付け、木の幹に沿うようにぶら下げます。そして、スピーカーから「ジャージャー」という鳴き声を流します。そのうえで、遠くからひもをゆっくりと引き、まるで幹をはい上るヘビのように小枝を動かしました。

すると、「ジャージャー」という鳴き声を聞かせたシジュウカラは、ヘビのように動く小枝に近づき、確認することがわかりました。いっぽう、「ジャージャー」以外の鳴き声を聞かせた場合、小枝に接近するシジュウカラはほとんどいませんでした。また、「ジャージャー」という鳴き声を聞かせながら、小枝を大きく左右に揺らし、ヘビに似ていない動きとして見せた場合も、④同様の結果となりました。

つまり、⑤シジュウカラは、「ジャージャー」という鳴き声から幹をはうヘビの姿をイメージし、それに似た動きをする小枝をヘビと見間違えたのだと解釈できます。

鈴木　俊貴「『言葉』をもつ鳥、シジュウカラ」より

2 ――線のカタカナを漢字で書きなさい。

1 赤いホオ。
2 エサを探す。
3 敵をイカクする。
4 周囲をケイカイする。

1						**2**	
(1)	(2)	(3)	(4)	(5)		1	3
・ ・ 各10点	1 2 各5点	〜 15点	15点	20点		2	4 各5点

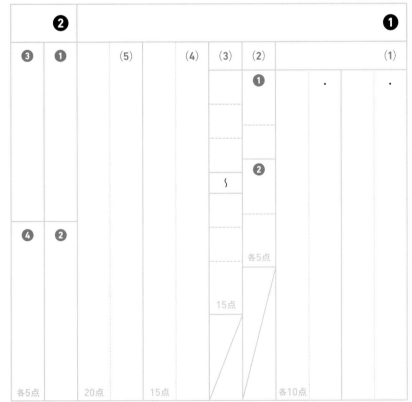

Step 2

大阿蘇《おおあそ》

20分

／100

目標 75点

1 詩を読んで、問いに答えなさい。思

▼教 150ページ1行～151ページ12行

大阿蘇

三好《みよし》 達治《たつじ》

雨の中に馬がたっている
一頭二頭子馬をまじえた馬の群れが　雨の中にたっている
雨は蕭々《しょうしょう》と降っている
馬は草をたべている
尻尾《しっぽ》も背中も鬣《たてがみ》も　ぐっしょりと濡《ぬ》れそぼって
彼らは草をたべている
草をたべている
あるものはまた草もたべずに　きょとんとしてうなじを垂れて
たっている
雨は降っている　蕭々と降っている
山は煙をあげている
中岳《なかだけ》の頂から　うすら黄いろい　重っ苦しい噴煙が濛々《もうもう》と
あがっている
空いちめんの雨雲と
やがてそれはけじめもなしにつづいている
馬は草をたべている
草千里浜《くさせんりはま》のとある丘の
雨に洗われた青草を　彼らはいっしんにたべている

(1) この詩の1行目～19行目を三つに分けると、二つ目はどこからどこまでですか。行番号で答えなさい。

(2) 1行目「雨の中」とありますが、どのような雨ですか。次から一つ選び、記号で答えなさい。

ア 周囲もよく見えないような、激しい横なぐりの雨。
イ いつまでも降り続いている、ものさびしい様子の雨。
ウ 降ったりやんだりする、包み込むような恵みの雨。

(3) 2行目「馬の群れ」とありますが、馬たちの多くはどのようにしていますか。二十字以内で書きなさい。

(4) 6・7行目「草をたべている／草をたべている」で用いられている表現技法を次から一つ選び、記号で答えなさい。

ア 対句　イ 比喩　ウ 反復

(5) 13行目「けじめもなしにつづいている」とありますが、つづいているのは何と何ですか。十字以内で二つ抜き出しなさい。

点UP

(6) 20行目「もしも百年が……何の不思議もないだろう」とありますが、ここから作者のどのような思いが読み取れますか。考えて書きなさい。

(7) 21・22行目「雨が降っている……蕭々と降っている」とありますが、作者はこの雨はこれからどうなると感じていますか。考えて書きなさい。

たべている
彼らはそこにみんな静かにたっている
ぐっしょりと雨に濡れて　いつまでもひとつところに　彼らは静かに集まっている
もしも百年が　この一瞬の間にたったとしても　何の不思議もないだろう
雨が降っている　雨が降っている
雨は蕭々と降っている

三好　達治「大阿蘇」〈三好達治全詩集　新装版〉より

❷ ――線のカタカナを漢字で書きなさい。

❶ ジュレイ百年の木。
❷ 豆をハッコウさせる。
❸ 合奏をヒロウする。
❹ 広告のバイタイ。

❶									❷			
(1)	(2)	(3)	(4)	(5) 一つ目	(5) 二つ目	(6)	(7)		❶	❷	❸	❹
行目〜行目												
10点	10点	10点	10点	各5点		15点	15点					各5点

Step 1 蓬萊《ほうらい》の玉の枝――「竹取《たけとり》物語」から

15分

❶ 文章を読んで、問いに答えなさい。 ▼㊙158ページ上1行～160ページ1行

今は昔、竹取の翁《おきな》といふ《（ウ）》ものありけり。野山にまじりて竹を取りつつ、Aよろづのことにあ使ひ《（イ）》けり。名をば、さぬきのみやつこと B なむ《（ン）》いひける。

その竹の中に、もと光る竹なむ一筋いありける。①あやしがりて、寄うりて見るに、筒の中光りたり。それを見れば、②三寸ばかりなる人、いと③うつくしう《（シュウ）》てえゐ《（イ）》たり。

【現代語訳】

今ではもう昔のことだが、竹取の翁とよばれる人がいた。野や山に分け入って竹を取っては、いろいろな物を作るのに使っていた。名前を、さぬきのみやつことといった。

（ある日のこと、）その竹林の中に、根元の光る竹が一本あった。不思議に思って、近寄って見ると、筒の中が光っている。それを見ると、（背丈）三寸ほどの人が、④まことにかわいらしい様子で座っていた。

これは、現在伝わっている日本の物語の中では最古のものといわれている⑤「竹取物語」の冒頭部分である。この後、物語は次のように続いていく。

(1) ――線A「よろづ」、B「なむいひける」を現代仮名遣いに直して、すべて平仮名で書きなさい。

A（　　）　B（　　）

(2) ～～線あ～えのうち、「竹取の翁」の行動をすべて選び、記号で答えなさい。

（　　）

(3) ――線①「あやしがりて」、③「うつくしうて」の意味を、それぞれ現代語訳の中から抜き出しなさい。

①（　　）　③（　　）

(4) ――線②「三寸ばかりなる人」とありますが、この人はその後、翁に何と名づけられましたか。

（　　）

(5) ――線④「まことに」とありますが、古文の中からこれに当たる言葉を抜き出しなさい。

（　　）

【子供を授かったと喜んだ翁は、その子を籠の中に入れて大切に育てた。子供はすくすくと成長して、わずか三か月ばかりで一人前の娘になった。その姿は輝くばかりに美しく、辺りに光が満ちるようであったから、娘を「なよ竹のかぐや姫」と名づけた。
　美しいかぐや姫のうわさが広まると、多くの男たちが、ぜひ結婚したいと集まってきた。かぐや姫は、なかでも熱心な五人の貴公子の求婚を断り切れず、望みの品を持参した人と結婚すると言って、⑥一人ずつに難題を出した。かぐや姫の望みの品は、いずれも入手至難のものばかりであったが、五人の求婚者は、それでも姫との結婚を諦め切れず、それぞれに知恵や富の力で難題に挑むのであった。】

「蓬莱の玉の枝――『竹取物語』から」より

(6) ――線⑤「竹取物語」についてまちがっているものを次から一つ選び、記号で答えなさい。

ア 「源氏物語《げんじものがたり》」で「物語の出《い》で来はじめの祖《おや》」と評される。
イ 奈良時代の初め頃に作られたと考えられている。
ウ 作者が誰なのかはわかっていない。

（　　）

(7) かぐや姫が普通の人間ではないことがわかる部分を【　】の中から二十字以内で探し、初めと終わりの五字を抜き出しなさい。（句読点は字数に含まない。）

□□□□□～□□□□□

(8) ――線⑥「一人ずつに難題を出した」とありますが、かぐや姫はなぜこのようなことをしたのですか。次から一つ選び、記号で答えなさい。

ア どうせならば最もすぐれた貴公子と結婚したいと考えたから。
イ 本当に自分を愛しているのは誰かを確かめたいと考えたから。
ウ 望みをかなえられなければ彼らも諦めるだろうと考えたから。

（　　）

ヒント

(7) かぐや姫は月から来た人である。
(8) かぐや姫が、わざと入手できないようなものを希望したのはなぜなのかを考えよう。

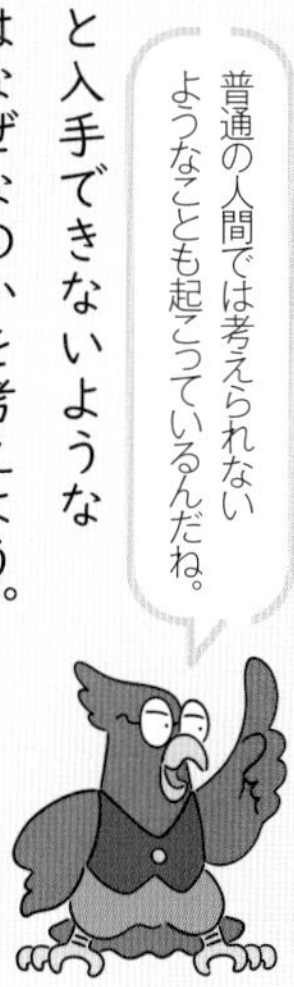
普通の人間では考えられないようなことも起こっているんだね。

Step 2

蓬莱《ほうらい》の玉の枝――「竹取《たけとり》物語」から

20分

／100
目標 75点

❶ 文章を読んで、問いに答えなさい。思

▼教160ページ2行～162ページ4行

その一人、くらもちの皇子《みこ》は、蓬莱の玉の枝を探しに行くと人々に告げて、いったん船出するが、すぐに引き返し、かねての計画どおり、人目につかぬ家に閉じ籠もった。それから三年の間、玉作りの匠《たくみ》たちと寝食《しんしょく》を共にして、にせの玉の枝を作らせた皇子は、今船を下りたばかりというふうをよそおって、翁《おきな》の家を訪れる。そして、架空の冒険談をまことしやかに物語る。

次の一節は、皇子が、その冒険談のうち、多難な航海の末にようやくのことで探し当てたという、蓬莱山の様子を語る部分である。

これや①わが求むる山ならむ《ン》と思ひ《イ》て、さすがに恐ろしく②おぼえて、山の③めぐりをさしめぐらして、二、三日ばかり、④見歩《あり》くに、天人のⓐよそほひしたる女、山の中よりいで来て、銀《しろかね》の金鋺《かなまる》を持ちて、水をくみ歩く。これを見て、船より下りて、「この山の名を何とか申す。」と⑤問ふ《ウ》。女、答へ《エ》ていは《ワ》く、「これは、蓬莱の山なり。」と⑥答ふ《ウ》。これを聞くに、⑦うれしきことかぎりなし。

その山、見るに、さらに登るべきやう《ヨウ》なし。その山のそばひらをめぐれば、世の中になき花の木ども立てり。金《こがね》・銀・瑠璃《るり》色の水、山より流れいでたり。それには、色々の玉の橋渡せり。そのあたり

(1) ＝＝線ⓐ「よそほひ」、ⓑ「まうで」を現代仮名遣いで書きなさい。

(2) ――線①「わが求むる山」の名前は何ですか。古文の中から抜き出しなさい。

(3) ――線②「おぼえて」、③「めぐり」の意味を、【現代語訳】から抜き出しなさい。

(4) ――線④「見歩く」、⑤「問ふ」、⑥「答ふ」はそれぞれ誰の動作ですか。次から一つずつ選び、記号で答えなさい。（同じ記号を何度使ってもよい。）

ア かぐや姫
イ 天人の服装をした女性
ウ くらもちの皇子
エ 天人

(5) ――線⑦「うれしきことかぎりなし」とありますが、その理由を次の中から一つ選び、記号で答えなさい。

ア 女性が山を案内してくれるから。
イ 探していた山が見つかったから。
ウ 天人が恐ろしい人ではなかったから。

点UP

(6) ――線⑧「いとわろかりしかども」と皇子が言ったのはなぜですか。「にせもの」という語句を用いて答えなさい。

(7) ――線⑨「皇子の策略」とはどのようなものでしたか。

に、照り輝《かかや》く木ども立てり。
その中に、この取りてⓑまうで来たりしは、⑧いとわろかりしかども、のたまひ(イ)しに違《たが》は(ワ)ましかばと、この花を折りてまうで来たるなり。

【現代語訳】

これこそ私が探し求めていた山だろうと思って、（うれしくはあるのですが）やはり恐ろしく思われて、山の周囲をこぎ回らせて、二、三日ばかり、（様子を）見て回っていますと、天人の服装をした女性が、山の中から出てきて、銀のお椀《わん》を持って、水をくんでいきます。これを見て、（私は）船から下りて、「この山の名は何というのですか。」と尋ねました。女性は答えて、「これは、蓬萊の山です。」と言いました。これを聞いて、（私は）うれしくてたまりませんでした。

その山は、見ると、（険しくて）全く登りようがありません。その山の斜面の裾を回ってみると、この世には見られない花の木々が立っています。金・銀・瑠璃色の水が、山から流れ出てきます。その流れには、色さまざまの玉でできた橋が架かっています。その付近に、光り輝く木々が立っています。

その中で、ここに取ってまいりましたのは、たいそう見劣りするものでしたが、（姫が）おっしゃったものと違っていては（いけないだろう）と思い、この花の枝を折ってまいったのです。

ところが、くらもちの皇子が得意げにこう語っているところへ、玉作りの匠たちが押しかけてくる。千日余りも働かされながら、まだ褒美《ほうび》がもらえない、どうにかしていただきたい、という匠たちの訴えで、⑨皇子の策略はいっぺんに破れてしまうのである。

「蓬萊の玉の枝——『竹取物語』から」より

2 ——線のカタカナを漢字で書きなさい。

1 心がウバわれる。
2 客人をデムカえる。
3 お年をメす。
4 用件をウケタマワる。

1								2	
(1) ⓐ ⓑ 各5点	(2) 10点	(3) ② ③ 各5点	(4) ④ ⑤ ⑥ 各5点	(5) 10点	(6)	15点	(7)	10点	1 2 各5点
									3 4

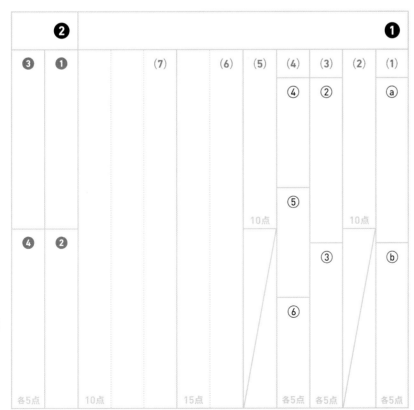

Step 1 今に生きる言葉

15分

❶ 文章を読んで、問いに答えなさい。

▼㊎170ページ6行〜171ページ下16行

中国の古典に由来する言葉には、歴史的な事実や古くから伝えられているたとえ話、エピソードなど、故事を背景にもっているものがある。「矛盾」「推敲《①すいこう》」「蛇足《②》」「四面楚歌《③しめんそか》」などのように、故事から生まれた言葉を故事成語という。

「矛盾」という言葉は、今から二千年以上も前に「韓非子《かんぴし》」という書物に書かれた次のような故事が基になっている。

矛盾《④》

楚人《そひと》に、盾と矛とを鬻《ひさ》ぐ者有り。之《これ》を誉《ほ》めて曰《い(ワ)》はく、「吾《わ》が盾の堅きこと、能《⑤よ》く陥《とほ(トオ)》すもの莫《な》きなり。」と。

又《また》、其《そ》の矛を誉めて曰はく《(ワ)》、「吾が矛の利なること《⑥》、物に於《お》いて陥《(トオ)》さざる無きなり。」と。

或《あ》るひと曰はく《(ワ)》、「子《⑦し》の矛を以《もつ(モッ)》て、子の盾を陥《(トオ)》さば何如《いかん》。」と。

其の人、応《⑧》ふ《(ウ)》ること能《あた(ワ)》はざるなり。

(1) ——線①「推敲」②「蛇足」③「四面楚歌」の意味を次から一つずつ選び、記号で答えなさい。

ア 敵の中で孤立《こりつ》すること。
イ 口先でうまく人をだますこと。
ウ よけいな付け足し。
エ 不足しているもの。
オ 必死の覚悟《かくご》で物事に取り組むこと。
カ 言葉や表現を何度も練り直してよりよくすること。

①（　　）②（　　）③（　　）

(2) ——線④「矛盾」とありますが、この言葉を正しく用いた文を次から一つ選び、記号で答えなさい。

ア 長年の矛盾が実を結び、学問の道で大成した。
イ 君の話には矛盾している部分が多く、信用できない。
ウ 男は天が落ちてくるのではないかと矛盾していた。

（　　）

(3) ——線⑤「能く陥すもの莫きなり」の訓点として正しいものを次から一つ選び、記号で答えなさい。

ア 莫キ二能ク陥一スモノなり也
イ 莫キレ能ク陥スモノレ也
ウ 莫キ能ク二陥スモノ也一

（　　）

【現代語訳】

楚《そ》の国の人で、盾と矛を売る者がいた。

（その人が）盾をほめて、「私の盾の堅いことといったら、（これを）つき通せるものはない。」と言った。

また、矛をほめて、「私の矛のするどいことといったら、どんなものでもつき通せないものはない。」と言った。

（そこで、）ある人が、「あなたの矛で、あなたの盾をつき通すとどうなるのかね。」と尋ねた。

その人は答えることができなかったのである。

「今に生きる言葉」より

(4) ——線⑥「利なる」、⑦「子」の意味を、それぞれ【現代語訳】から抜き出しなさい。

⑥（　　　　）　⑦（　　　　）

(5) ❶ ——線⑧「応ふること能はざるなり」について、答えなさい。

「能はざる」の意味を、【現代語訳】から抜き出しなさい。

（　　　　）

❷ なぜ「応ふること能はざるなり」ということになったのですか。次から一つ選び、記号で答えなさい。

ア 自分の言葉のつじつまがあっていないことに気づいたから。

イ 盾も矛も商品なので、試してみることができなかったから。

ウ 実際にやったらどうなるか、推測するのが難しかったから。

（　　）

ヒント

(1) それぞれの故事（昔から伝わっている物語）も確認しよう。

(3) まず、漢字の並び方を確認しよう。「能→陥→莫→也」の順に読んでいるね。

(5) ❷ 「どんな盾でもつき通す矛」で、「どんな矛でもつき通せない盾」をつき通すとどうなるのか、と尋ねられたのだ。

Step 1 「不便」の価値を見つめ直す

15分

1 文章を読んで、問いに答えなさい。

▼教177ページ16行〜179ページ14行

①そもそも、「不便」とはどういうことだろう。ひと口に「不便」といっても、人によってその言葉の捉え方はさまざまだ。それではしっかりとした分析や議論ができないため、ここでは、何かをするときにかかる労力が多いことを「不便」とよぶこととしたい。つまり、手間がかかったり、頭を使って考えなければならなかったりすることを「不便」、手間もかからず、頭も使わなくてよいことを「便利」とする。

すでに述べたように、一般に、「便利はよいこと」で「不便は悪いこと」だと思われがちだ（図1①）。しかし、②私はそうではないと考える。必ずしもいつも「便利はよいこと」で「不便は悪いこと」というわけではなく、「便利」の中にもよい面と悪い面があり、③「不便」の中にもよい面と悪い面があると考えるのだ。

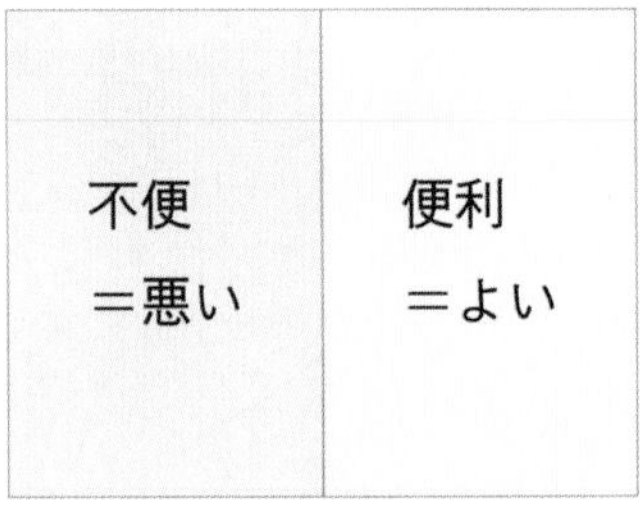

図1①

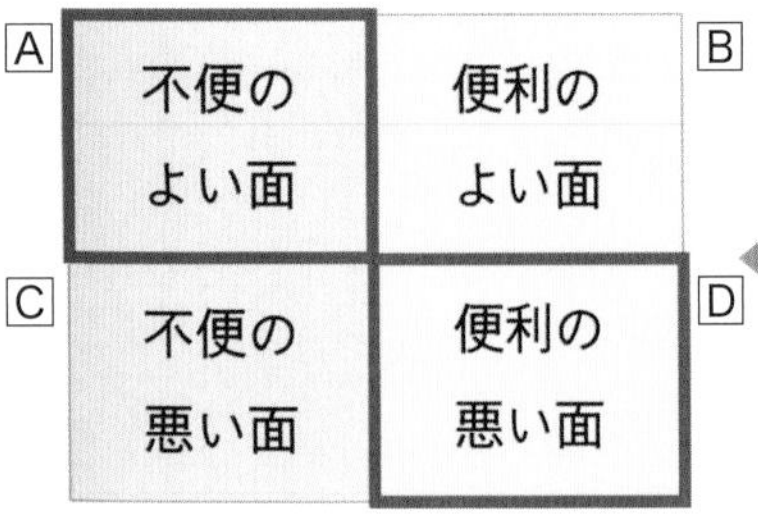

図1②

(1) ――線①「そもそも、『不便』とはどういうことだろう」とありますが、この疑問に対する筆者の答えを十八字で抜き出しなさい。

(2) ――線②「私はそうではないと考える」とありますが、筆者がこのように考えるのはなぜですか。次から一つ選び、記号で答えなさい。

ア 便利と不便のどちらも、よい面と悪い面があるから。
イ よいか悪いかは、その人の受け止め方次第だから。
ウ 悪いことがよいことへと変化する場合もあるから。

（　　）

(3) ――線③「『不便』の中にもよい面と悪い面がある」とありますが、不便の「よい面」を、筆者は何と呼んでいますか。三字で抜き出しなさい。

(4) ――線④「徒歩で移動する場合と乗り物で移動する場合」について、次のように表にまとめました。（　）に当てはまる言葉を抜き出しなさい。

図１①・②：令和２年検定済 光村図書 中国１年より

そうすると、「不便のよい面」と「便利の悪い面」という新しい視点が生まれる（図1②）。

　それでは、「不便のよい面」には、具体的にどんなものがあるだろうか。私はこれまで、冒頭の問いをたくさんの人に投げかけ、「不便のよい面」、つまり「不便益」の事例を集めてきた。初めこそけげんな顔をしている人も、「不便」の定義や事例を伝えると、自分なりの「不便益」の事例を教えてくれることが多い。以下では、そうして集めた事例の中から、「不便益」の具体例をいくつか見てみよう。

　一つ目は、移動方法についての事例である。ある地点から目的地まで、④徒歩で移動する場合と乗り物で移動する場合を比較してみよう。例えば、タクシーと徒歩とを比べると、徒歩のほうが時間がかかったり疲れたりするので「不便」だ。その点、タクシーのほうは、目的地を伝えれば、あとは座っていられるのだから「便利」である。とはいえ、旅行のときなどには、タクシーよりも徒歩を好む人も多い。タクシーに乗っていれば気づかずに通り過ぎたであろう場所にふらっと立ち寄り、人や景色との出会いを楽しむことができるからだ。同じように、普段、大学までバイクで通学していたある学生は、バイクが壊れてしまい、やむをえず徒歩で通学したことがきっかけで、その後、何度も訪れることになるお気に入りのお店に出会えたという。つまり、⑤途中の道のりがあるからこそ、⑥出会いや発見の機会が広がるというよさがあるのだ。

川上　浩司「『不便』の価値を見つめ直す」より

	徒歩での移動	乗り物での移動
便利／不便	・（❶）	・（❷）
理由	・（❸）がかかる ・疲れる	・（❹）を伝えれば座っていられる
逆の意見	・（❺）との出会いを楽しめる	・出会いに気づかずに通り過ぎることが多い

(5) ――線⑤「途中の道のりがある」、⑥「出会いや発見の機会が広がる」は、それぞれ図1-②のどの部分にあたりますか。A〜Dの記号で答えなさい。

⑤（　　）　⑥（　　）

ヒント

(4) 表は、「移動方法」を例にとって「不便」と「便利」の関係をまとめたものである。

(5) まず、これが「徒歩での移動」と「乗り物での移動」のどちらにあたるのかを考えた上で、「よい面」なのか、「悪い面」なのかを判断しよう。

筆者は、不便か便利かとは別に、どちらにもよい面と悪い面があると主張しているんだね。

Step 2

「不便」の価値を見つめ直す

20分

／100

目標 75点

❶ 文章を読んで、問いに答えなさい。思

▼教 181ページ13行〜183ページ11行

　こうして集めた事例を整理すると、①「不便益」とは何かが浮かび上がってくる。まだ整理の途中の段階ではあるが、主には次のようなことが挙げられるだろう。

　まず、物事を達成するのにかかる時間や道のりが多くなる分、発見や出会いの機会が増える。次に、体力や知力、技術力の維持や向上を促す。自分の体や頭を使うことが、自然と体力・知力・技術力の低下を防ぎ、それらを向上させるからだ。また、②「不便」であることは、人間の意欲を向上させる効果もある。自分で考えたり工夫したりする余地があるからこそ、取り組むときのモチベーションが高まり、成し遂げたときの達成感が大きくなるのだ。なお、一つの事例に複数の「不便益」が含まれることも少なくない。例えば、タクシーよりも徒歩のほうが発見や出会いの機会が増えるとともに、運動能力の低下を防ぐことにもなる。

　これらの③「不便益」は、「不便」だからこそ得られるものだ。「便利はよいこと」で「不便は悪いこと」という固定観念にとらわれ、ただ無批判に「便利」なほうばかりを選んでいては、「不便」の価値を見落としてしまう。さらに、「便利はよいこと」という考えの下、社会全体が「便利」だけを追求していけば、私たち一人一人は自分でどちらかを選ぶことすらできないまま、知らぬ間に、本来得られ

(1) ――線①「不便益とは何か」とありますが、不便益の具体例として当てはま・ら・な・い・も・の・を次から一つ選び、記号で答えなさい。

ア　パソコンを使わずに筆で年賀状を書き、字が少しうまくなった。

イ　電車を使わず一駅分歩いていたら、小学校の友人と再会した。

ウ　レトルトのカレーを使って空いた時間で、明日の予習をした。

(2) ――線②「『不便』であることは、人間の意欲を向上させる」とありますが、このようなことが起こるのはなぜですか。文章中の言葉を使って説明しなさい。

(3) ――線③「『不便益』は、『不便』だからこそ得られる」について、答えなさい。

❶ これについて説明した次の文の(　)に当てはまる言葉を抜き出しなさい。

(A　　　)にとらわれずにあえて(B　　　)なことを選ぶことによって、楽しさや(C　　　)を発見したり、自分の(D　　　)を発揮したりできるということ。

点UP

❷ 筆者は「不便益」とはどのようにしようということだと述べていますか。筆者の考えを述べた部分を四十五字以内で探し、初めと終わりの三字をそれぞれ抜き出しなさい。

(4) ――線④「これまでの常識とは異なる別の視点」とありますが、具体的にはどういうことですか。「不便」「生活」という言葉を使って、簡潔に説明しなさい。

ていた楽しさや喜びが失われたり、自分の能力を発揮する機会が奪われたりすることになるだろう。

誤解してほしくないのは、私は便利であることを否定し、昔の不便な生活に戻ろうと言っているわけでも、不便なことは全てすばらしいと考えているわけでもないということだ。「不便」だからこそ得られるよさがあることを認識し、それを生かして新しいデザインを創り出そうというのが「不便益」の考え方なのである。今、この考え方に賛同する仲間たちによって、自動車の運転支援の在り方や観光ツアーの仕掛け作りなど、さまざまな分野で新たな研究や提案がなされ始めている。

「不便益」は、物事のデザインだけでなく、日常生活にも生きる発想だ。あなたの日々の生活の中で、「不便で嫌だな。」「面倒くさいな。」と思ってさけてきた物事の中に、実は、新しい気づきや楽しみが隠れているかもしれない。④これまでの常識とは異なる別の視点をもつことで、世界をもっと多様に見ることができるようになるはずだ。あなたの周りには、どんな「不便益」があるだろうか。もう一度、生活を見つめ直してみよう。

川上　浩司「『不便』の価値を見つめ直す」より

❷ ――線のカタカナを漢字で書きなさい。

❶ 人手がイる。　❷ シセツを見学する。

❸ 社会にフキュウする。　❹ 練習をクり返す。

❶							❷			
(1)	(2)	(3) ❶ A	(3) ❶ B	(3) ❶ C	(3) ❶ D	(3) ❷	(4)	❶	❷	❸	❹
10点	20点	各5点				〜 10点	20点	各5点			

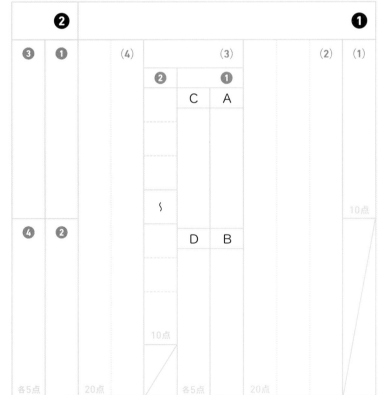

Step 2

文法への扉2　言葉の関係を考えよう

（蓬莱《ほうらい》の玉の枝～考える人になろう）

20分

/100

目標 75点

1 ――部の漢字の読み仮名を書きなさい。

1 子を授かる。
2 宿題で忙しい。
3 斬新なアイデア。
4 繰り返し話す。
5 食欲が旺盛だ。
6 最初が肝心だ。
7 自分で稼ぐ。
8 果実を搾る。
9 虫に刺される。
10 手に触れる。
11 真剣に考える。
12 慢心してしまう。
13 特殊な武器。
14 翼を広げる。
15 お金が要る。

1			
1	5	9	13
2	6	10	14
3	7	11	15
4	8	12	

各2点

2 カタカナを漢字に直しなさい。

1 ツツの中を見る。
2 ボウトウを読む。
3 ムジュンした考え。
4 ケッコンを考える。
5 ロがカタい。
6 オソろしい話。
7 人にタズねる。
8 心をウバわれる。
9 野菜をソえる。
10 オクり物を届ける。
11 イッパン的な知識。
12 道のトチュウ。
13 シセツに入る。
14 カンペキを目指す。
15 メンドウな作業。

2			
1	5	9	13
2	6	10	14
3	7	11	15
4	8	12	

各2点

❸ 文の組み立てに関する、次の問いに答えなさい。

(1) 次の文の主語と述語を抜き出しなさい。

❶ 委員会では　さまざまな　意見が　出る。

❷ 僕は　急いで　集合場所に　行った。

(2) 次の〰〰線の修飾語が修飾している文節を記号で答えなさい。

❶ ア彼女は　難しい　イ本を　ウよく　エ読む。

❷ 少しずつ　ア山の　イ木々も　ウ赤く　エ染まり始めた。

(3) 次の文から、❶❷は接続語を、❸❹は独立語を探し、記号で答えなさい。

❶ ア遅いので、　イ早く　ウ家に　エ帰りましょう。

❷ ア雨は　イやんだ。　ウでも、　エ空は　オ曇《くも》って　カいる。

❸ アはい、　イ今から　ウ学校に　エ向かいます。

❹ アうで時計、　イそれが　ウ父の　エ形見です。

(4) 次の――線の二つの文節の関係を後から選び、それぞれ記号で答えなさい。

❶ ぼくは　毎日　家の　仕事を　手伝う。

❷ 君と　僕は　小学校から　同じ　クラスだね。

❸ 昨日　おねえさんに　本を　貸して　もらった。

❹ 短い　間に　たくさんの　経験を　した。

ア　修飾・被《ひ》修飾の関係　　イ　主語・述語の関係

ウ　並立の関係　　エ　補助の関係

(5) 次の文から、連文節をそれぞれ一つずつ抜き出しなさい。

❶ 向こうから　車が　走って　きた。

❷ 父と　母は　日曜日に　旅行から　帰宅する。

❸				
(1)	❶ 主語	述語	❷ 主語	述語　各3点
(2)	❶	❷	各2点	
(3)	❶	❷	❸	❹　各2点
(4)	❶	❷	❸	❹　各2点
(5)	❶	❷	各4点	

テストに出る

● 文節の関係

主語・述語の関係　例 私が　その　絵を　描いた。

修飾・被修飾の関係　例 小鳥が　空を　飛び回る。

接続の関係　例 雨が　降ったので、傘《かさ》を　持って　出かけた。

独立の関係　例 おい、どこに　行くんだ。

並立の関係　例 日本茶も　紅茶も　好きです。

補助の関係　例 たくさんの　人が　並んで　いる。

● 連文節とは…二つ以上の文節がまとまって、主語・述語・修飾語などと同じ働きをする文節。並立の関係・補助の関係は、常に連文節となる。

Step 1

少年の日の思い出

15分

1 文章を読んで、問いに答えなさい。

▼教200ページ12行〜201ページ15行

　僕は、八つか九つのとき、ちょう集めを始めた。初めは特別熱心でもなく、ただ、はやりだったのでやっていたまでだった。ところが、十歳ぐらいになった二度目の夏には、僕は全く①この遊戯のとりこになり、ひどく心を打ち込んでしまい、そのため、他のことはすっかりすっぽかしてしまったので、②みんなは何度も、僕にそれをやめさせなければなるまい、と考えたほどだった。ちょうを採りに出かけると、学校の時間だろうが、お昼ご飯だろうが、もう、塔の時計が鳴るのなんか、耳に入らなかった。休暇になると、パンを一切れ胴乱に入れて、朝早くから夜まで、食事になんか帰らないで、駆け歩くことがたびたびあった。

　今でも、美しいちょうを見ると、おりおり、③あの熱情が身にしみて感じられる。そういう場合、僕はしばしの間、子供だけが感じることのできる、あのなんともいえない、むさぼるような、うっとりした感じに襲われる。少年の頃、初めてキアゲハにしのび寄った、あのとき味わった気持ちだ。また、そういう場合、僕は、すぐに幼い日の無数の瞬間を思い浮かべるのだ。強くにおう、乾いた荒野の、焼けつくような昼下がり、庭の中の涼しい朝、神秘的な森の外れの夕方、僕は、まるで宝を探す人のように、網を持って待ち伏せていたものだ。【そして、美しいちょうを見つけると、特別に珍しいの

(1) ――線①「この遊戯」とありますが、何のことですか。五字で抜き出しなさい。

(2) ――線②「みんなは何度も……考えた」とありますが、「みんな」がこのように考えたのはなぜですか。次から一つ選び、記号で答えなさい。

ア 「僕」がちょう集めに夢中になりすぎて、他のことをしなくなったので。

イ 「僕」がちょうをつかまえて殺すことを楽しんで行うようになったので。

ウ 「僕」がちょう集めのためにぜいたくな道具をほしがるようになったので。

（　　）

(3) ――線③「あの熱情」とありますが、夢中でちょうを探す「僕」をたとえを用いて表現した言葉を五字で抜き出しなさい。

1 (4) ――線④「緊張と歓喜」について、答えなさい。

どんな気持ちですか。当てはまらないものを次から一つ選び、記号で答えなさい。

でなくったってかまわない、ひなたの花に止まって、色のついた羽を呼吸とともに上げ下げしているのを見つけると、とらえる喜びに息もつまりそうになり、しだいにしのび寄って、輝いている色の斑点の一つ一つ、透き通った羽の脈の一つ一つ、触角の細いとび色の毛の一つ一つが見えてくると、その④緊張と歓喜《かんき》ときたらなかった。】そうした微妙な喜びと、激しい欲望との入り交じった気持ちは、その後、そうたびたび感じたことはなかった。

ヘルマン・ヘッセ／高橋　健二　訳「少年の日の思い出」〈ヘッセ全集　二〉より

ア　美しいちょうをつかまえることがうれしい気持ち。
イ　本当にちょうをつかまえていいのか迷う気持ち。
ウ　うまくちょうをつかまえようとどきどきする気持ち。

（　　）

❷　これに似た気持ちを別の言葉で表現した部分を二十三字で探し、初めと終わりの五字を抜き出しなさい。

□□□□□～□□□□□

(5)　【　】の一文の表現について説明したものを次から一つ選び、記号で答えなさい。

ア　少年だったころのちょう採りの記憶《きおく》について、大人になった「僕」の視点から冷静に振り返っている。
イ　しだいにちょうに近づき細部がはっきり見えてくる様子を、まるで目の前の出来事のように描写している。
ウ　視覚だけでなく、聴覚《ちょうかく》や触覚も使って、ちょうを採る楽しさが読み手にも伝わるように工夫している。

（　　）

ヒント

(2)　「……ので」という理由を表す表現に着目。ちょう集めのとりこになった「僕」が「他のことはすっかりすっぽかしてしまった」ので、周囲の人は心配したのだ。

(4)　❶「歓喜」は非常に喜ぶこと、「緊張」はうまくやろうと心を引き締《し》めること。それぞれ、原因となる事柄を捉える。

Step 2

少年の日の思い出

20分

／100
目標 75点

1 文章を読んで、問いに答えなさい。思

▼教 204ページ11行～206ページ7行

　エーミールがこの不思議なちょうを持っているということを聞くと、僕は、すっかり興奮してしまって、それが見られるときの来るのが待ち切れなくなった。食後、外出ができるようになると、すぐ僕は、中庭を越えて、隣の家の四階へ上がっていった。そこに、例の先生の息子は、小さいながら自分だけの部屋を持っていた。それが、僕にはどのくらい①羨ましかったかわからない。途中で、僕は、誰にも会わなかった。上にたどり着いて、部屋の戸をノックしたが、返事がなかった。エーミールはいなかったのだ。ドアのハンドルを回してみると、入り口は開いていることがわかった。

　せめて例のちょうを見たいと、僕は中に入った。そして②すぐに、エーミールが収集をしまっている二つの大きな箱を手に取った。どちらの箱にも見つからなかったが、やがて、そのちょうはまだ展翅《てんし》板にのっているかもしれないと思いついた。果たしてそこにあった。とび色のビロードの羽を細長い紙切れで張り伸ばされて、クジャクヤママユは展翅板に留められていた。僕は、その上にかがんで、毛の生えた赤茶色の触角や、優雅で、果てしなく微妙な色をした羽の縁や、下羽の内側の縁にある細い羊毛のような毛などを、残らず間近から眺めた。あいにく、あの有名な斑点だけは見られなかった。細長い紙切れの下になっていたのだ。

(1) ――線①「羨ましかった」とありますが、「僕」はどのようなことが羨ましかったのですか。

(2) ――線②「すぐに……大きな箱を手に取った」とありますが、このときの「僕」の気持ちの説明として適切なものを一つ選び、記号で答えなさい。

ア　箱の中にある、エーミールの収集したちょうを早く見たい。
イ　エーミールが帰ってくる前に、ちょうを盗み出したい。
ウ　エーミールがいないうちに、ちょうをつぶしてしまいたい。

点UP

(3) ――線③・⑦「胸をどきどきさせ」とありますが、このときの「僕」の気持ちとして当てはまるものを、次の中からそれぞれ二つずつ選び、記号で答えなさい

ア　悲嘆《ひたん》　イ　興奮　ウ　恐れ　エ　歓喜《かんき》
オ　不安　カ　絶望　キ　怒り　ク　期待

(4) ――線④「紙切れを取りのけたい」と「僕」が思ったのはなぜですか。

(5) ――線⑤「僕を見つめた」とありますが、何が「僕」を見つめたのですか。十二字で抜き出しなさい。

(6) ちょうをエーミールの部屋から持ち出したときの「僕」の気持ちを表す言葉を、六字で抜き出しなさい。

点UP

(7) ――線⑥「僕の良心は目覚めた」とありますが、このときの「僕」の気持ちを二つに分けて書きなさい。

③胸をどきどきさせながら、僕は④紙切れを取りのけたいという誘惑《ゆうわく》に負けて、留め針を抜いた。すると、四つの大きな不思議な斑点が、挿絵のよりはずっと美しく、ずっとすばらしく、⑤僕を見つめた。それを見ると、この宝を手に入れたいという、逆らいがたい欲望を感じて、僕は、生まれて初めて盗みを犯した。僕は、ピンをそっと引っ張った。ちょうは、もう乾いていたので、形はくずれなかった。僕は、それをてのひらにのせて、エーミールの部屋から持ち出した。そのとき、さしずめ僕は、大きな満足感のほか何も感じていなかった。

　ちょうを右手に隠して、僕は階段を下りた。そのときだ。下の方から誰か僕の方に上がってくるのが聞こえた。その瞬間に、⑥僕の良心は目覚めた。僕は突然《とつぜん》、自分は盗みをした、下劣なやつだということを悟った。同時に、見つかりはしないか、という恐ろしい不安に襲われて、僕は、本能的に、獲物を隠していた手を上着のポケットにつっ込んだ。ゆっくりと僕は歩き続けたが、大それた恥ずべきことをしたという、冷たい気持ちに震えていた。上がってきた女中と、びくびくしながら擦れ違ってから、僕は⑦胸をどきどきさせ、額にあせをかき、落ち着きを失い、自分自身におびえながら、家の入り口に立ち止まった。

ヘルマン・ヘッセ／高橋　健二　訳「少年の日の思い出」〈ヘッセ全集　二〉より

2 ――線のカタカナを漢字で書きなさい。

1 トウの時計を見る。
2 友達を待ちブせする。
3 モハン的な態度。
4 イッサイの事情を話す。

1							2			
(1)	(2)	(3)	(4)	(5)	(6)	(7)	1	2	3	4
10点	10点	③ ⑦ 各5点	10点	10点	10点	・ ・ 各10点			各5点	

Step 2

少年の日の思い出

20分
／100
目標 75点

1 文章を読んで、問いに答えなさい。思

▼教 208ページ1行〜210ページ1行

「おまえは、エーミールのところに行かなければなりません。」と、母はきっぱりと言った。「そして、自分でそう言わなくてはなりません。それより他に、どうしようもありません。おまえの持っているもののうちから、どれかをうめ合わせにより抜いてもらうように、申し出るのです。そして、許してもらうように頼まなければなりません。」

あの模範少年でなくて、他の友達だったら、すぐにそうする気になれただろう。彼が、僕の言うことをわかってくれないし、おそらく全然信じようともしないだろうということを、僕は前もってはっきり感じていた。そのうちに夜になってしまったが、①僕は出かける気になれなかった。母は、僕が中庭にいるのを見つけて、

「②今日のうちでなければなりません。さあ、行きなさい。」

と、小声で言った。それで、僕は出かけていき、

「エーミールは？」

と尋ねた。彼は出てきて、すぐに、誰かがクジャクヤママユをだいなしにしてしまった、悪いやつがやったのか、あるいは猫がやったのかわからない、と語った。僕は、そのちょうを見せてくれ、と頼んだ。二人は上に上がっていった。彼はろうそくをつけた。僕は、だいなしになったちょうが展翅《てんし》板の上にのっているのを見た。エー

(1) ――線①「僕は出かける気になれなかった」とありますが、なぜですか。次から一つ選び、記号で答えなさい。

ア 自分の罪を認めて、エーミールに謝ることがつらかったから。
イ エーミールが決して自分を許さないだろうとわかっていたから。
ウ 母の言いつけを聞いて素直に行動することがいやだったから。

点UP

(2) ――線②「今日のうちでなければなりません」とありますが、具体的には何をしなければならないのですか。文章中の言葉を用いて説明しなさい。

(3) ――線③「それ」とありますが、何を指していますか。文章中から十一字で抜き出しなさい。

(4) ――線④「そんなやつ」について、答えなさい。

❶ エーミールは「僕」がどんな人間だと言っているのですか。簡潔に説明しなさい。

❷ エーミールの気持ちを一語で表した言葉を、二字で抜き出しなさい。

(5) ――線⑤「すんでのところで……ところだった」について、答えなさい。

❶ このときの「僕」の気持ちとして当てはまるものを、次から二つ選び、記号で答えなさい。

ア 憎しみ　イ 驚き　ウ あせり　エ いきどおり

点UP

❷ 「僕」がこのような気持ちになったのは、なぜですか。「ちょう」という言葉を用いて、説明しなさい。

ミールが③それを繕うために努力した跡が認められた。壊れた羽は丹念に広げられ、ぬれた吸い取り紙の上に置かれてあった。しかし、それは直すよしもなかった。触角もやはりなくなっていた。そこで、それは僕がやったのだ、と言い、詳しく話し、説明しようと試みた。

　すると、エーミールは、激したり、僕をどなりつけたりなどはしないで、低く「ちぇっ。」と舌を鳴らし、しばらくじっと僕を見つめていたが、それから、

「そうか、そうか、つまり君は④そんなやつなんだな。」

と言った。

　僕は、彼に、僕のおもちゃをみんなやる、と言った。それでも、彼は冷淡《れいたん》に構え、依然僕をただ軽蔑的に見つめていたので、僕は、自分のちょうの収集を全部やる、と言った。しかし、彼は、

「結構だよ。僕は、君の集めたやつはもう知っている。そのうえ、今日また、君がちょうをどんなに取り扱っているか、ということを見ることができたさ。」

と言った。

　その瞬間、僕は、⑤すんでのところであいつの喉笛に飛びかかるところだった。もうどうにもしようがなかった。僕は悪漢だということに決まってしまい、エーミールは、まるで世界のおきてを代表でもするかのように、冷然と、正義を盾に、あなどるように僕の前に立っていた。彼は罵りさえしなかった。ただ僕を眺めて、軽蔑していた。

ヘルマン・ヘッセ／高橋　健二　訳「少年の日の思い出」
〈ヘッセ全集　二〉より

2 ——線のカタカナを漢字で書きなさい。

① 罪をオカす。
② 全てをサトる。
③ バツを受ける。
④ ツグナいをする。

1								2	
(1)	(2)	(3)	(4) ①	(4) ②	(5) ①	(5) ②		①	③
10点	10点	10点	15点	10点	10点	15点		②	④
									各5点

成績評価の観点　思…思考・判断・表現

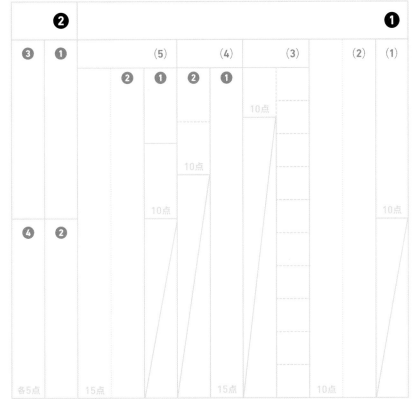

Step 2

文法への扉3　単語の性質を見つけよう

（少年の日の思い出〜文法への扉3）

20分

/100

目標 75点

❶

――部の漢字の読み仮名を書きなさい。

❶ 思わず微笑する。
❷ 絶妙な味。
❸ 甲高い声。
❹ 斑点の模様。
❺ 栓をする。
❻ 欠陥を見つける。
❼ 脂肪を気にする。
❽ 一切を知る。
❾ 罰を受ける。
❿ 丹精込めた作品。
⓫ 罪を償う。
⓬ 周囲から罵られる。
⓭ 喉元に手をやる。
⓮ 軽蔑の目。
⓯ 依然として認めない。

❶

❶	❺	❾	⓭
❷	❻	❿	⓮
❸	❼	⓫	⓯
❹	❽	⓬	

各2点

❷

カタカナを漢字に直しなさい。

❶ 父のショサイ。
❷ ウラヤましく思う。
❸ ヤミが広がる。
❹ ユカイな仲間。
❺ ギキョクを書く。
❻ アミにかかる。
❼ ビンを割る。
❽ ハンイを決める。
❾ 友人をネタむ。
❿ コウゲキされる。
⓫ 弱みがロテイする。
⓬ コシを痛める。
⓭ ユウガに泳ぐ。
⓮ ツクロってごまかす。
⓯ 全てをサトる。

❷

❶	❺	❾	⓭
❷	❻	❿	⓮
❸	❼	⓫	⓯
❹	❽	⓬	

各2点

❸ 単語の性質に関する、次の問いに答えなさい。

(1) 次の文から、自立語を全て抜き出しなさい。

❶ 電車 が ゆっくり 走る。

❷ 肩《かた》 から 重い 荷物 を 下ろす。

(2) 次の文から、活用する単語を全て抜き出しなさい。

❶ その問題は、とても重要だ。

❷ 美しい花が並ぶ。

(3) 次の説明に当てはまる品詞の種類を後から選び、記号で答えなさい。

❶ 自立語のうち、活用しない言葉で、主に連用修飾語になる。

❷ 自立語のうち、活用する言葉で、言い切りが「い」で終わる。

❸ 付属語のうち、活用しない言葉。

ア 名詞　イ 動詞　ウ 形容詞　エ 形容動詞
オ 副詞　カ 連体詞　キ 接続詞　ク 感動詞
ケ 助詞　コ 助動詞

(4) 次の品詞の種類を答えなさい。

❶ 小さな　❷ 乗用車　❸ けれども　❹ きれいだ

(5) 用言の働きをする品詞を三つ答えなさい。

❸

(1)	(2)	(3)	(4)	(5)
❶ ❷ 各3点	❶ ❷ 各3点	❶ ❷ ❸ 各3点	❶ ❷ ❸ ❹ 各3点	7点

テストに出る

● 単語の性質

- 自立語
  - 活用がある
    - 言い切りがウ段で終わる……動詞
    - 言い切りが「い」で終わる……形容詞
    - 言い切りが「だ・です」で終わる…形容動詞
  - 活用がない
    - 主語になる……名詞
    - 主に用言を修飾する……副詞
    - 体言を修飾する……連体詞
    - 接続語になる……接続詞
    - 独立語になる……感動詞
- 付属語
  - 活用がある……助動詞
  - 活用がない……助詞

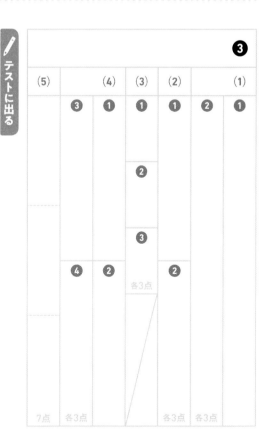

Step 2 随筆二編

20分　／100　目標 75点

1 文章を読んで、問いに答えなさい。思

▼教217ページ5行〜218ページ12行

えんぽう

忘れられない言葉群をたどってみると、最も古い記憶の中から現れるのは①「えんぽう」という言葉だ。

四、五歳の頃、父と私だけで暮らす時期が二、三年あった。たった二人の日々である。仕事から帰った後の父、休日の父に、まとわりつき、家の中でも父の後をくっついて回った。

朝夕の日課である散歩の時間は、至福のひとときだった。のんびりした父の気配に包まれて、安心していられたから。着物姿の父のたもとや、差し出してくれた人さし指を、②電車のつり革のようににぎりしめていれば、何も怖いものはなかった。

小学校の校長をしていた父は、学校間の会議などがあるらしく、時々、日帰りの出張などしていた。家の中でも、くっついて回る私である。出張の日の父の気配の違いを見逃さない。

そんな日の父は、透明な膜に包まれている。そしてナフタリンの匂いがする洋服を、きちんと着始める。③私は息がせわしくなって、必ず同じ質問をする。

「父ちゃん、どこ行くの？」

父も必ず同じ答えを返す。「えんぽう、えんぽう」。天井を眺めな

(1) ──線①「えんぽう」について、答えなさい。

❶ 漢字ではどのように書きますか。

❷ 「私」はなぜ、これを平仮名で書いているのですか。考えて書きなさい。

(2) ──線②「電車のつり革のように」とありますが、このたとえから「私」のどのような気持ちが読み取れますか。次から一つ選び、記号で答えなさい。

ア 父の手に人の温かみが感じられないことに、とまどっている。

イ 今は記憶が薄れてはっきり思い出せないことを、悲しんでいる。

ウ 自分を守ってくれるものとして、絶対的な信頼を寄せている。

点UP

(3) ──線③「私は息がせわしくなって」とありますが、「私」がこのような状態になったのはなぜですか。「私」の気持ちを想像して、説明しなさい。

(4) ──線④「歌うように『エンポーエンポー』と繰り返す」とありますが、このときの父の気持ちとして適切なものを次から一つ選び、記号で答えなさい。

ア いつも同じ質問を繰り返す「私」にうんざりしている。

イ いつも通りだから心配いらないと「私」をあやしている。

ウ 「私」を連れて行けないことを、申し訳なく思っている。

(5) 「私」にとって、「えんぽう」とはどのような場所でしたか。文章中の言葉を使って書きなさい。

がら、④歌うように「エンポーエンポー」と繰り返す父の姿はまぶしく、非日常的であり、私は、連れていってもらえない「えんぽう」というところに、深く深く憧れた。そしてその、まぶしい晴れやかな「えんぽう」に、いつか必ず行きたいと思っていた。

工藤　直子「随筆二編」〈ライオンのしっぽ〉より

2　——線のカタカナを漢字で書きなさい。

① スウケン先の家。
② 土にウもれる。
③ コい青色の空。
④ サイゲンなく続く。

1							2			
(1) ① 10点	(1) ② 20点	(2) 10点	(3) 10点	(4) 10点	(5) 20点		①	②	③	④ 各5点

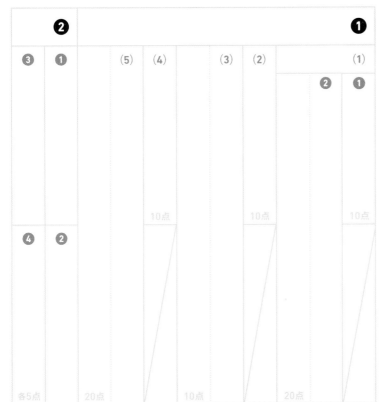

Step 2

言葉3　さまざまな表現技法

（随筆二編〜言葉3）

20分

／100

目標 75点

❶ ――部の漢字の読み仮名を書きなさい。

1 余韻を残す。
2 文字を入れ替える。
3 蜂に刺される。
4 擬人法を使う。
5 うさぎと亀。
6 対句の文章。
7 膜に包まれる。
8 天井の模様。
9 山奥に住む。
10 トゲを抜く。
11 四歳の少年。
12 森の暮らし。
13 景色の描写。
14 先輩の意見。
15 蛇口をひねる。

❶ 各2点

1	5	9	13
2	6	10	14
3	7	11	15
4	8	12	

❷ カタカナを漢字に直しなさい。

1 ズイジ連絡する。
2 アコガれの人。
3 イッケンヤに住む。
4 土にウめる。
5 色がコい。
6 キオクを失う。
7 つりカワを持つ。
8 敵をミノガす。
9 いいニオいだ。
10 小学生のコロ。
11 ミョウな話だ。
12 マイの練習。
13 コワい思い出。
14 遠くをナガめる。
15 ハイイロの空。

❷ 各2点

1	5	9	13
2	6	10	14
3	7	11	15
4	8	12	

❸ 言葉の並べ方の工夫に関する、次の問いに答えなさい。

(1) 次の俳句に使われている表現技法をそれぞれ後から選び、記号で答えなさい。

❶ 菜の花や月は東に日は西に　与謝蕪村《よさぶそん》

❷ 五月雨《さみだれ》をあつめて早し最上《もがみ》川　松尾芭蕉《まつおばしょう》

ア 反復　イ 省略　ウ 比喩　エ 体言止め

(2) 次の文は倒置になっています。行の順序を入れ替えて、普通の言い方に直し、順番を記号で答えなさい。

そっと教えてくれた　…ア
いつもは無口なたんぽぽが　…イ
春が来たよと　…ウ

(3) 次の文を読んで、――線①「聞こえるの」、②「山へと帰る」と対句になっている言葉を抜き出しなさい。

①聞こえるの。
海から昇った　お日さまの
みんなを励《はげ》ます　元気な声が。
聞こえるよ。
②山へと帰る　お月さまの
みんなに送る　やさしい声が。

❹ 比喩（たとえ）に関する次の問いに答えなさい。

(1) 次の文に使われている表現技法をそれぞれ後から選び、記号で答えなさい。

❶ 木がやさしく笑いかける。　❷ 天使のようなほほえみだ。

❸ そんなことを言うなんて、彼は鬼だ。

ア 直喩　イ 隠喩　ウ 擬人法

❸	(1)	❶	❷ 各5点
	(2)	↓ ↓	5点
	(3)	①	② 各5点
❹	(1)	❶ ❷	❸ 各5点

テストに出る

●言葉の並べ方の工夫
・倒置…普通の文章と、語順を入れ替える
・反復…同じ言葉を繰り返す
・対句…対になる二つの句を並べる

●比喩（たとえ）
・直喩…「まるで」など比喩を用いていることを明示する
・隠喩…比喩を用いていることを明示しない
・擬人法…人でないものを、まるで人のように表現する

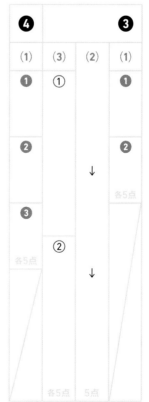

Step 2

漢字3 漢字の成り立ち
（随筆二編～漢字に親しもう6）

20分

／100
目標 75点

❶ ――部の漢字の読み仮名を書きなさい。

❶ 符号を書く。
❷ 峠を下る。
❸ 刃物を扱う。
❹ 狩りに出る。
❺ 市販の薬。
❻ 国語の教諭。
❼ 戦争が苛烈になる。
❽ 画伯と会う。
❾ 支障を来す。
❿ 二泊三日の旅。
⓫ 大臣の更迭。
⓬ 宮廷に招かれる。
⓭ 木琴を鳴らす。
⓮ 像を据える。
⓯ かばんを提げる。

❶			
❶	❺	❾	⓭
❷	❻	❿	⓮
❸	❼	⓫	⓯
❹	❽	⓬	

各2点

❷ カタカナを漢字に直しなさい。

❶ 米のシュウカク。
❷ シヘイで払う。
❸ ブクンをたてる。
❹ クウキョな心。
❺ ギゾウした金。
❻ コマクが破れる。
❼ オしい結果。
❽ 冷やアセをかく。
❾ 大きなハクシュ。
❿ 小口のアキナい。
⓫ ユカイな話。
⓬ ヒユを用いる。
⓭ キカガク模様
⓮ クツを並べる。
⓯ オドロいた顔。

❷			
❶	❺	❾	⓭
❷	❻	❿	⓮
❸	❼	⓫	⓯
❹	❽	⓬	

各2点

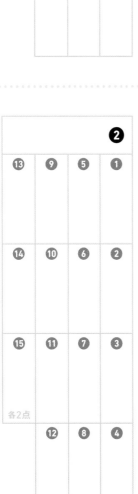

❸ 漢字の成り立ちに関する、次の問いに答えなさい。

(1) 次の漢字の成り立ちを後から選び、記号で答えなさい。

❶ 洗　❷ 下
❸ 岩　❹ 雨
❺ 鳥　❻ 本
❼ 時　❽ 明

ア 象形　イ 指事　ウ 会意　エ 形声

(2) 次の漢字に共通する音を、片仮名で答えなさい。

❶ 複・腹・復　❷ 経・軽・径
❸ 各・格・閣　❹ 巧・紅・項

(3) 次の部分を組み合わせてできた漢字を書きなさい。

❶ 口＋鳥　❷ 田＋力
❸ 人＋木　❹ 言＋十

❸

(1)		(2)	(3)
❶	❻	❶	❶
❷	❼	❷	❷
❸	❽	❸	❸
❹	各2点	❹	❹
❺		各3点	各3点

テストに出る

● 漢字の成り立ち

種類	でき方	例
象形	物の形をかたどって、その物を表す漢字。	山・魚
指事	抽象《ちゅうしょう》的な事柄を、記号やその組み合わせで表した漢字。	上・二
会意	二つ以上の字を組み合わせて、新しい意味を表した漢字。	林・畑
形声	二字を組み合わせて、一方で音（音符）、他方で意味（意符）を表した漢字。	韻・校
転注	ある漢字の意味が広がって、ほかの漢字にも転用されたもの。	楽
仮借《かしゃ》	もともと文字で表すことができなかったことを、同音の漢字で表記した漢字。	我

Step 2

さくらの　はなびら

20分

／100
目標 75点

❶ 詩を読んで、問いに答えなさい。思

▼教234ページ1行～235ページ6行

さくらの　はなびら　　まど・みちお

えだを　はなれて
ひとひら

さくらの　はなびらが
じめんに　たどりついた

いま　おわったのだ
そして　はじまったのだ

ひとつの　ことが
さくらに　とって

いや　ちきゅうに　とって
うちゅうに　とって
あたりまえすぎる

(1) この詩の形式を次から一つ選び、記号で答えなさい。
ア　口語自由詩　　イ　口語定型詩
ウ　文語自由詩　　エ　文語定型詩

(2) 2行目「ひとひら」の意味を次から選び、記号で答えなさい。
ア　一枚　　イ　一輪　　ウ　一時

(3) 5・6行目「いま　おわったのだ／そして　はじまったのだ」について、

❶ これはどのようなことを表していますか。これについて説明した次の文の（　）に入る言葉を考えて三字で書きなさい。

さくらのはなびらが地面に落ちたのは、さくらにとって（A　　）であるのと同時に（B　　）でもあるということ。

❷ ここで用いられている表現技法を次から一つ選び、記号で答えなさい。
ア　擬人法　　イ　対句　　ウ　体言止め

(4) 8・10・12行目の後には、同じ言葉が続きます。その言葉を十字以内で考えて書きなさい。

(5) 11行目「あたりまえすぎる」と対比されている言葉を、抜き出しなさい。

点UP
(6) この詩で作者が表現しようとしているのは、どのようなことですか。「世界」、「生命」という言葉を用いて書きなさい。

ひとつの　ことが

かけがえのない
ひとつの　ことが

まど・みちお「さくらの　はなびら」〈まど・みちお　全詩集〉より

❷ ━━線のカタカナを漢字で書きなさい。

❶ 昔のドウヨウ。
❷ 要点をトラえる。
❸ クり返し練習する。
❹ トウチを用いた文。

❶

(1)	(2)	(3)		(4)	(5)	(6)
		❶	❷			
		A				
10点	10点	B	10点			
		各5点		10点	10点	20点

❷

❶	❸
❷	❹
	各5点

成績評価の観点　思…思考・判断・表現

Step 2

文法Ⅰ〜3 まとめ

20分

/100

目標 75点

❶ 言葉の単位に関する次の問いに答えなさい。

(1) 次の文に句点（。）を書き入れなさい。

君が待つあの部屋に帰ったら花を飾ろう君が好きだと言っていた白いバラがいいと思うきっと暗い部屋が少しは明るくなるはずだ

(2) 次の文は何文節から成りますか。また、何単語から成りますか。それぞれ算用数字で答えなさい。

この本は私が小さいときに大好きで繰り返し読んでいたものだ。

❷ 文の組み立てに関する次の問いに答えなさい。

(1) 次の文の――線の関係をあとから一つずつ選び、それぞれ記号で答えなさい。

❶ 先に来ていた友達が、改札の前で僕に声をかけた。

❷ かばんに入れて持ち歩ける小さな辞書がほしい。

❸ 寒かったので、部屋の中に入っていました。

ア 主・述の関係　イ 修飾・被《ひ》修飾の関係

ウ 接続の関係　エ 独立の関係

(2) 次の文から並立の関係になっている部分を抜き出しなさい。

このレストランには和食も洋食もそろっています。

❸ 単語の分類に関する次の問いに答えなさい。

(1) 次の文の――線の品詞名をあとから一つずつ選び、それぞれ記号で答えなさい。

①ねえ、②明日はお母さんの③誕生日だよ。④だから、⑤あの店で⑥おいしいケーキを⑦買って、⑧ゆっくり⑨静かに⑩過ごそう。

ア 名詞　イ 動詞　ウ 形容詞　エ 形容動詞

オ 副詞　カ 連体詞　キ 感動詞　ク 接続詞

ケ 助詞　コ 助動詞

❶	(1)	君が待つあの部屋に帰ったら花を飾ろう君が好きだと言っていた白いバラがいいと思うきっと暗い部屋が少しは明るくなるはずだ
		15点
	(2)	文節
		単語
		各5点
❷	(1)	❶
		❷
		❸
		各5点
	(2)	
		10点
❸	(1)	①
		②
		③
		④
		⑤
		⑥
		⑦
		⑧
		⑨
		⑩
		各5点

テスト前 ☑ やることチェック表

① まずはテストの目標をたてよう。頑張ったら達成できそうなちょっと上のレベルを目指そう。
② 次にやることを書こう（「ズバリ英語〇ページ，数学〇ページ」など）。
③ やり終えたら▢に✔を入れよう。
最初に完ぺきな計画をたてる必要はなく，まずは数日分の計画をつくって，
その後追加・修正していっても良いね。

目標

	日付	やること 1	やること 2
2週間前	/	▢	▢
	/	▢	▢
	/	▢	▢
	/	▢	▢
	/	▢	▢
	/	▢	▢
	/	▢	▢
1週間前	/	▢	▢
	/	▢	▢
	/	▢	▢
	/	▢	▢
	/	▢	▢
	/	▢	▢
	/	▢	▢
テスト期間	/	▢	▢
	/	▢	▢
	/	▢	▢
	/	▢	▢
	/	▢	▢

QRコードのページに登録すると，「ぴたリンク」からも表をダウンロードできるよ

キリトリ線

テスト前 ☑ やることチェック表

① まずはテストの目標をたてよう。頑張ったら達成できそうなちょっと上のレベルを目指そう。
② 次にやることを書こう（「ズバリ英語〇ページ，数学〇ページ」など）。
③ やり終えたら□に✔を入れよう。
最初に完ぺきな計画をたてる必要はなく，まずは数日分の計画をつくって，
その後追加・修正していっても良いね。

目標

	日付	やること 1	やること 2
2週間前	／	□	□
	／	□	□
	／	□	□
	／	□	□
	／	□	□
	／	□	□
	／	□	□
1週間前	／	□	□
	／	□	□
	／	□	□
	／	□	□
	／	□	□
	／	□	□
	／	□	□
テスト期間	／	□	□
	／	□	□
	／	□	□
	／	□	□
	／	□	□

QRコードのページに登録すると，「ぴたリンク」からも表をダウンロードできるよ

光村図書版 国語1年

―定期テスト ズバリよくでる―

解答集

〈本体から外してお使いください〉

朝のリレー／野原はうたう

2〜3ページ Step 1

❶ (1) ア

(2) (もえるひをあびて、) かまをふりかざすすがた

(3) イ

―考え方―

❶ (2) 直前の部分に着目する。燃えるような太陽の光を浴びて、かまをふりかざしている自分の姿が、「わくわくするほど／きまってる」と感じている。

シンシュン

4〜5ページ Step 1

❶ (1) 小説・好き・理由

(2) イ

(3) ウ

(4) ①(「)雨が降っているね。(」)

(「)あしたは一時間目から体育だね。(」)(順不同)

②ア

―考え方―

❶ (2) 「うなずいた」のは、「暗くてさ。何が書きたいんだろう。」というシンタの感想に同意を示したことを意味する。小説が気に入っていたのに、シンタが批判したため、言い出せなくなったのだ。

(4) 「あたりまえのこと」の例は、直後に書かれている。深い話をして二人の考えが違うことがわかって、いっしょにいられなくなるのが嫌だから、絶対に意見が分かれることがないような話しかできなくなってしまったことを読み取る。

シンシュン

6〜7ページ Step 2

❶ (1) 違うところを発見する

(2) 例シンタが小説の一件を覚えていると言ったこと。

例シンタが「僕」が傷ついたのをわかっていたこと。(順不同)

(3) イ

(4) 例シュンタと久しぶりに話しているのを、クラスメイトたちが見ていること。

(5) 例「僕」とわかり合いたくて、必死になっているから。

(6) 例好きなものや嫌いなものの理由を知って、もっとわかり合えるようになること。

(7) 例お互いに仲良くしたいと思うあまり、うまくいかなくなってしまうような不器用なところ。

❷ ①振 ②悔 ③黙 ④離

―考え方―

❶ (1) 続く部分の「僕」の発言に注目。「僕、シンタと違うところを発見するのが怖かったんだ」という「僕」の発言に対して、シンタは「僕も!」と言っている。シンタも、二人が話をすることによって、もっと多くの違うところを発見してしまうのが怖かったのだということが読み取れる。

(2)「僕」は、シンタの言葉を聞いて驚いている。
(3) 自分たちがおかしくなってしまったことを謝っている。
(4)「僕は気にしなかった」を受けて「シンタも気にしていなかった」とあることに着目する。「僕」は、久しぶりに話をしているシンシュンコンビを周囲が興味津々《しんしん》で見ているのを気にしなかった。
(5) 出すつもりのなかった大声が出てしまったのは、シンタも「僕」の気持ちを理解し、仲直りをしようと必死だからである。「仲直りしたい」なども可。
(6) お互《たが》いに好きなものや嫌いなものが違うからこそ、もっといろいろ話してお互いのことを知りたいと思っている。
(7) 久しぶりに話をして、二人は自分たちが同じことで悩《なや》み、同じように仲直りしたいと思っていたことを知ったのである。「どちらも仲直りしたくて悩んでいたところ。」なども可。

漢字Ⅰ 漢字の組み立てと部首（シンシュン〜漢字に親しもうⅠ）

8〜9ページ Step 2

❶ ①ひかく ②じんぞう ③きら ④ぎゅうどん ⑤あま（えん）ぼう ⑥ふ ⑦ゆうれつ ⑧あやま ⑨ひろう ⑩えりもと ⑪とくちょう ⑫るいじ ⑬くせ ⑭おせん ⑮くのう

❷ ①驚 ②違 ③怒 ④殴 ⑤悔 ⑥離 ⑦怖 ⑧捉 ⑨椅子 ⑩付箋 ⑪検索 ⑫傷 ⑬靴 ⑭僕 ⑮黙

❸ (1) ①やまいだれ ②しんにょう（しんにゅう） ③りっとう ④くにがまえ ⑤そうにょう ⑥りっしんべん ⑦もんがまえ ⑧れんが（れっか）
(2) ①詩人 ②意義 ③都会 ④究明

考え方

❸ (1) それぞれの部分のもつ意味も確認しよう。
①病気に関係する。 ②道に関係する。 ③刀に関係する。 ④囲むことに関係する。 ⑤足を使った動作に関係する。 ⑥心に関係する。 ⑦出入り口に関係する。 ⑧火に関係する。
(2) 漢字の部分を組み立てて漢字を完成させる。漢字には意味を表す部分と、音を表す部分が含《ふく》まれていることが多い。

ダイコンは大きな根？

10〜11ページ Step 1

❶ (1) 側根の付いていた跡
(2) ウ
(3) 虫の害から身を守るため
(4) ①葉 ②根
(5) イ
(6) A胚軸 B根

考え方

❶ (1)「側根の付いていた跡に穴が空いていたりする」と書かれている。
(4) 直前の一文に着目する。
(5) 直前で述べられている「辛みを発揮するような仕組み」に着目する。
(6) 文章と図を見くらべる。大根の白い部分のうち、上の部分は胚軸《はい》、下の部分は根である。

ダイコンは大きな根？

12〜13ページ Step 2

❶ (1) ①例 胚軸は水分が多くて甘いのに対して、根は辛い。
②例 地下の根で吸収した水分を葉などに送り、葉で作られた栄養分を根に送る役割。
(2) 例 根が胚軸よりも十倍も辛くなっていること。
(3) ①根 ②栄養分 ③例 食べられる

(4) 例 虫にかじられて細胞が破壊されると、化学反応を起こして辛みを発揮する仕組み。

(5) ①例 ダイコンの下の部分を使って、力強く直線的に下ろす。

②例 ダイコンの上の部分を使って、円をえがくようにやさしく下ろす。

❷ ①茎 ②双葉 ③伸 ④跡

考え方

❶ (1) ①胚《はい》軸と根の味の違いを、「甘さ（辛さ）」と「水分」に着目して説明する。

②胚軸が甘く、水分が多いのは、水分や栄養分を必要な部分に送る役割を果たしているからである。

(2) 虫に食べられないように根のほうが十倍も辛い、というのが「植物の知恵」なのである。

(3) ダイコンにとって根にたくわえられた栄養分は、花をさかせるために大切なものである。それを虫が食べてしまうと、花をさかせることが出来なくなるのである。

(4) 「たくさんの細胞が壊れる」のは、虫にかじられるからである。そのため、虫がかじらないように辛みを発揮することを捉える。

(5) 「部位」と「下ろし方」とに分けて、どのように下ろせば辛くなる（辛みを抑えられる）のかを読み取る。

ちょっと立ち止まって

14〜15ページ Step 1

❶ (1) ①橋 ②少女 ③引きつけられ

(2) ①イ ②中心に見るもの

(3) 一瞬のうち

(4) 若い女性の絵　おばあさんの絵

(5) イ

考え方

❶ (1) 指示語の内容は直前に注目する。橋のあたりに目を向けていて、橋の向こうから一人の少女がやって来るのを見て、目がその少女に引きつけられたときである。

(4) 二つの見方が示されている。くわしく説明すると、「ちょっとすまして図の奥の方を向いた若い女性の絵」と「毛皮のコートに顎をうずめたおばあさんの絵」である。

ちょっと立ち止まって

16〜17ページ Step 2

❶ (1) どくろをえがいた絵

(2) イ

(3) イ

(4) 例 中心に見るものを変えること。

例 見るときの距離を変えること。（順不同）

(5) 例 物を見るときには、一面だけを捉えず、他の見方を試すと新しい発見があるということ。

❷ ①指摘 ②影絵 ③珍 ④顎

考え方

❶ (1) 「目を遠ざけてみよう。すると……」とあるので、この後に書かれていることがわかる。

(2) 直前の一文「近くから見るか遠くから見るかによって、全く違う絵として受け取られる」を指している。

(3) 意味を考える問題では、傍線《ぼうせん》部の言葉と置き換《か》えて考える。

(4) 「中心に見るものを変えたり、見るときの距離を変えたりすれば」とあるので、これを二つに分けて答えればよい。

(5) 筆者の主張は、最終段落にまとめられている。「ちょっと立ち止まって他の見方を試すことで、新しい発見の驚きを味わえる」などの表現でもよい。

文法への扉《とびら》1 言葉のまとまりを考えよう（ダイコンは大きな根？～情報を引用しよう）

18～19ページ Step 2

❶ ①くき ②の ③から ④さいぼう ⑤おさ ⑥してき ⑦かげ ⑧めずら ⑨あご ⑩けしょう ⑪ろこつ ⑫しば ⑬きより ⑭こんきょ ⑮きそ

❷ ①双葉 ②跡 ③知恵 ④決壊 ⑤魅力 ⑥浮 ⑦架 ⑧奥 ⑨込 ⑩秀麗 ⑪荒 ⑫試 ⑬座 ⑭信頼 ⑮確認

❸ (1) イ

(2) ①六月は／雨の／日が／多くて／いやだ。

②明日の／授業で／僕は／論文を／発表する。

(3) ウ

(4) ①説明｜が｜終わる｜と｜図書館｜に｜行っ｜た。

②明日｜から｜は｜毎日｜日記｜を｜書こ｜う。

考え方

❸ (1) 一つの文節には自立語が一つあり、文節の初めは必ず自立語。「ね」や「よ」をはさんで読んでみるとよい。

(2) ①「いや」「だ」と分けないように注意する。

②「発表」「する」と分けないようにする。「発表する」で、一つの動詞。

(3) 「夏休み」は一つの言葉である。「夏」と「休み」に分けないように注意。

(4) ①「行った」は「行く」の活用形「行っ」に、助動詞「た」が結びついたものである。

②「からは」は、さらに「から」と「は」に分ける。

詩の世界

20～21ページ Step 1

❶ (1) ①イ ②ア ③めぐった ④水鳥

(2) ①14～16 ②イ

(3) 「一枚の絵」…ウ 「未確認飛行物体」…ア

考え方

❶ (1) ①「ことのほか」は「意外に」とか「いつもと違って」という意味。水鳥がいつもよりもずっと早起きしたということである。

②隠喩《ゆ》が使われた部分。まるで足を絵筆にして絵を描《えが》いているように、「湖水をめぐった」ということである。

③普通と語順を入れ替えて印象を強める「倒置《とうち》」が用いられている。

(2) ①最後の部分に着目する。一生けんめいに飛んで行った薬缶《やかん》は、「そのあげく」、大好きな白い花に水をやっている。

③「一枚の絵」は、水鳥が早朝、湖の水面を優雅《ゆうが》に泳ぐ様子を絵を描くことにたとえて表現したもの。「未確認飛行物体」は、台所をぬけ出した空飛ぶ薬缶が、大好きな花に水をやってまた戻ってくるという、ユーモラスな内容の詩である。

比喩で広がる言葉の世界

22～23ページ Step 1

❶ (1) ある事柄を

(2) まるで・ようだ・みたいだ（順不同）

(3) ウ

(4) イ

(5) 真ん中に穴の空いた丸いドーナツ

(6) 形状をわか～伝える効果・物事の特性～づける効果（順不同）

考え方

❶ (1) 直前の、「……ことを、比喩という。」という表現に着目する。

(2) 「それら」などの指示語（こそあど言葉）が指し示す内容は、その直前に書かれていることが多い。ここでも、比喩の表現の例として、「まるで」「ようだ」「みたいだ」という言葉が挙げられ、そうした言葉を使わない比喩もあることが説明されている。

(5) 具体例を挙げて比喩の効果が説明されている。この図を説明しようとすると、「丸くて、厚みがあって、真ん中に丸い穴が空いていて……」と多くの言葉を用いなければならない。また、聞いた人も、言葉の内容を考えてイメージすることが非常に難しい。しかし、両者がドーナツを知っているなら、「ドーナツのような形」ということで、一瞬でイメージを伝えることができるのである。

(6) 「効果」という言葉に着目して探す。「比喩には……効果がある。また、……効果もある。」という形で、二つの効果について説明されている。

比喩で広がる言葉の世界

24〜25ページ Step 2

❶ (1) 例 相手がよく知っている

(2) 例 声が大きく、迫力があり、おそろしい感じがするという特性。

(3) ① 例 普段私たちが比喩だと認識していないような表現の中にも、比喩の発想が生きていること。

② 頭（が）入れ物（に。）

知識や感情（が）その中に入っているもの（に。）（順不同）

(4) ウ

(5) 例 相手のよく知っているものにたとえてわかりやすく伝えたり、生き生きと印象づけたりする効果。

❷ ① 揺 ② 帆 ③ 瞬時 ④ 輝

考え方

❶ (1) 比喩を用いるときは、その比喩で用いているものを相手もよく知っていることが大切である。たとえば、ドーナツを知らない相手に対して、「ドーナツのような形」という表現は用いることができない。

(2) 「雷」の特性は続く部分で述べられている。単に響き渡るほど大きいというだけでなく、「激烈さや迫力、おそろしさ」といったイメージも伝えることができる。

(3) ① 直前で述べた内容の具体例として挙げられていることを捉える。

② 二つの比喩が用いられていることに注意する。「頭の中に入れておく」といった場合、「入れ物」と「入っているもの」の両方がイメージされている。

(4) 「高い」という言葉が現実的に「表面から底までの距離が長い」ということとは違う意味で用いられているものを探す。

(5) 「こうした比喩の発想」という言葉が繰り返されている。比喩は文学作品の中だけではなく、日常生活の中でもさまざまな事柄をわかりやすく伝える効果があることに着目する。

言葉1 指示する語句と接続する語句（詩の世界〜本の中の中学生）

26〜27ページ Step 2

❶ ① めいしょう ② ばっさい ③ ひび ④ はくりょく ⑤ きんちょう ⑥ かがや ⑦ くふう ⑧ きわ ⑨ ほど ⑩ れんらくじこう ⑪ す ⑫ しょうかい ⑬ かみ ⑭ とびら ⑮ と

❷ ① 普通 ② 隅 ③ 渡 ④ 砂漠 ⑤ 咲 ⑥ 戻 ⑦ 比喩 ⑧ 揺 ⑨ 帆 ⑩ 手柄 ⑪ 瞬時 ⑫ 描 ⑬ 与 ⑭ 雷 ⑮ 尽

❸ (1) ① ペンギン ② （海外の）絵本

❹ (1) ① ウ ② ア

(2) ① ウ ② オ ③ エ

考え方

❸ (1) ①指示語の代わりに実際に入れてみて、文脈が成り立つかを確認する。「ペンギンは進化の過程で……」と、文章の意味が通る。

② 妹が「うれしそうに読んでいる」のは、「(海外の) 絵本」である。

❹ (1) ①「毎日がんばった」ことから、当然予想される「試合に勝った」という結果に結びついているので、順接の接続語が入る。

②「毎日がんばった」ことから、予想されるのとは逆の「試合に負けた」という結果に結びついているので、逆接の接続語が入る。

(2) ①「雨が降ってきた」に「かみなりも鳴っている」を付け加えているので、累加。

②「好きな本を借りることができる」ことに「五冊までだ」という条件を付け加えているので、補足。

③「家にいますか」と「出かける予定ですか」の二つから、選択させている。

大人になれなかった弟たちに……

28〜29ページ Step 1

❶ (1) おもゆ・やぎのミルク・(配給の) ミルク (順不同)

(2) ヒロユキの大切なミルクを盗み飲み

(3) ア

(4) イ

(5) イ

考え方

❶ (1) ヒロユキは「僕」の弟だが、まだ幼いために普通のご飯を食べることができない。本当なら母のお乳を飲むのだが、母は自分のご飯を「僕」たちに食べさせていたため、お乳が出なくなってしまった。そのため、おもゆや、ヤギのミルク、そして配給のミルクが大切な食べ物だったのである。

(2) 「僕」が「どんなに悪いことか」をわかっていながらしてしまったのは、ヒロユキの大切な食べ物である配給のミルクを盗み飲みすることである。

(5) 「あまり空襲がひどくなってきたので、母は疎開しようと言いだしました。」とある。空襲からのがれるためであったのに、引っ越しの相談に行った田舎《いなか》の親戚の家で、食べ物をもらいに行ったと思われ、母は「悲しい顔」になったことを読み取る。

大人になれなかった弟たちに……

30〜31ページ Step 2

❶ (1) 例 やぎのお乳と換えてもらうために、農家に持っていったから。

(2) 栄養失調

(3) ア

(4) ア

(5) 例 栄養失調で死んだ息子が成長しようとしていたことを知り、悲しみを抑えきれない様子。

❷ ①掘 ②缶 ③覆 ④交換

考え方

❶ (1) お乳が出なくなった母は、ヒロユキの食料を手に入れるため、自分の着物を農家に持っていき、かわりにやぎのお乳をもらっていたのである。

(2) 病気ではなく、栄養不足で死んでしまった、ということである。

(3) 三里の一本道を並んで歩く「僕」の気持ちを考える。死んだ弟も含めて、「三人で……歩き続け」たと表現していることからも、「僕」の悲しみを読み取ることができる。

(4) 本当に「幸せだった」と思っているわけではないことに注意。ただ、そうとでも考えないと、幼いまま死んでしまった息子の死を受け入れることができなかったのである。

(5) ヒロユキの死因は栄養失調である。しかし、栄養が足りない中でも、精いっぱい大きくなろうとしていたことを知り、悲しみがこらえられなくなっている。

星の花が降るころに

32〜33ページ Step 1

❶
(1) ウ
(2) 仲直りをする
(3) ウ
(4) ①イ ②ウ
(5) ウ・オ（順不同）
(6) ア

―考え方―

❶
(1) 二段落目の最初に「戸部《とべ》君に関わり合っている暇はない」とあることから、急いでいることがわかる。
(2) 「ため」とは目的を説明するときに使う言葉である。夏実《なつみ》を待ちかまえて何をしようとしているのかを考える。声をかけたのは仲直りをすると決めていたからである。
(3) なでたのは、「銀木犀《ぎんもくせい》の花が入っている小さなビニール袋」である。それは去年の秋、「私」と夏実が仲の良かったときの思い出の品であることから考える。
(6) 「……のに。」という文が繰り返され、後には「……下を眺めた。」が省略されている。大切な友達である夏実と仲直りができず、ショックを受けている「私」の心情が表現されている。

星の花が降るころに

34〜35ページ Step 2

❶
(1) 溶け出して
(2) 例 夏実とのやりとりを見られたかもしれない戸部君に、事情をどこまでわかっているのか探りを入れるため。
(3) ア
(4) 例 夏実と仲直りができず落ち込んでいる「私」を元気づけるため。
(5) ウ
(6) 例 自分が思っていたよりも、戸部君が内面的に成長して、自分に気づかいを見せてくれるようになっていたこと。

❷
①挑戦 ②誘 ③唇 ④抱

―考え方―

❶
(1) 不快な暑さを描写した前半に対し、黙々とボールを磨く戸部君を見た後は顔を洗ってさっぱりした「私」の様子が描かれ、心情の変化と重ね合わされている。
(2) 「私」にとって戸部君は、「繊細《せんさい》さのかけらもない」無神経な人物である。そのため、みんなの前で夏実と「私」の関係についてとんでもないことを言い出さないか心配し、どこまで事情をわかっているのか探っておきたいと考えている。
(3) みんなとは離れた所で、サッカーボールの砂を落として磨くという地味な作業を黙々と続けている戸部君の人物像を捉える。
(4) その後の戸部君の「わけがわからない」言葉と、それを聞いた「私」の心情の変化から考える。戸部君は、「私」が元気をなくしていることを知っていて、さりげなく励《はげ》まそうとしている。
(5) 「私」は笑いながら涙をにじませている。戸部君のさりげない気づかいのおかげで、少し元気になることができたのである。
(6) 「私」は、今でも戸部君は小学生のころのままの無神経な人物だと思っていた。しかし、いつのまにか戸部君が心身ともにすっかり成長していたことに、初めて気づいたのである。

言葉2／漢字2（大人になれなかった弟たちに……～漢字2）

36～37ページ　Step 2

❶　①ばくだん　②うす　③かし　④そかい　⑤しんせき　⑥けいこく　⑦やっかい　⑧かわ　⑨げきは　⑩しゅっかん　⑪そむ　⑫こうすい　⑬ひんけつ　⑭さぐ　⑮そうじ

❷　①空襲　②塾　③後輩　④盗　⑤七歳　⑥廊下　⑦駆　⑧遅　⑨遠慮　⑩杉　⑪削　⑫日陰　⑬拭　⑭涙　⑮隣

❸　(1)①オ　②ア　③エ　④ウ　⑤イ　⑥カ

❹　(1)①Aえ　Bけい　②Aも　Bぼ　③Aねん　Bぜん（各完答）
(2)①Aよご　Bきたな　②Aひ　Bはず　③Aすべ　Bなめ（各完答）
(3)①Aいろがみ　Bしきし　②Aかみて　Bじょうず　③Aおおや　Bたいか　④Aふんべつ　Bぶんべつ

―考え方―

❸　(1)方言と共通語の違いを考える。方言は地域や生活になじんだ言葉であり、親しみや実感をもって話すことができるが、その地方以外の人には内容が伝わりづらいという問題点もある。一方、共通語は全国の人に等しく内容を伝えることができるが、冷たい印象を与えるおそれもある。

❹　(1)二種類以上の音読みをもつ漢字は、熟語単位で読み方を確認する。
(2)二種類以上の訓読みをもつ漢字は、送り仮名の違いに注意する。また、「開く（あく・ひらく）」のように、同じ送り仮名で漢字を読み分ける場合もあるので、前後の文脈に注意する。
(3)同じ熟語でも、意味によって読み方が違う場合があるので、どういう意味でその言葉を用いているかに注意する。②には「うわて」、③には「たいけ」という読み方もある。

「言葉」をもつ鳥、シジュウカラ

38～39ページ　Step 1

❶　(1)威嚇・天敵
(2)イ
(3)①ウ
②ヘビの存在・恐怖心
③鳴き声を聞いたシジュウカラが、どのように振る舞うのか
(4)ヘビ・鳴いている状況

―考え方―

❶　(2)三つ目の段落に着目。「私は、……という仮説を立てました。」という一文がある。
(4)あらかじめ録音しておいた「ジャージャー」という鳴き声の音声をもとに作成した音声ファイルのことである。

「言葉」をもつ鳥、シジュウカラ

40～41ページ　Step 2

❶　(1)・例「ジャージャー」という鳴き声がヘビを示す「単語」であるという可能性。
・例「地面や巣箱を確認しろ。」という命令であるという可能性。
(2)①小枝
②確認
(3)単語か～うこと
(4)例シジュウカラが小枝には接近しなかったという結果。
(5)例卵やひなを襲うヘビの侵入を親鳥がいち早く見つけ出し、追い払うとき。

❷　①頬　②餌　③威嚇　④警戒

―考え方―

❶　(1)筆者はシジュウカラの「ジャージャー」という鳴き声がヘビを示

す「単語」ではないかという仮説を立てているが、それ以外の可能性についても考えている。

(2)「ジャージャー」という鳴き声に対してシジュウカラがどのような反応を示すかという実験である。

(3) 人間が「ヘビだ！」と言われたら目の前の木の枝をヘビと見間違えてしまうように、単語からイメージを得て物の見え方が変わるのではないかと指摘している。

(4)「ジャージャー」以外の鳴き声を聞かせても、ヘビに似ていない動きをしてみせても、シジュウカラの反応は「同様の結果」になったということ。

(5) ヘビはシジュウカラにとって、ひなや卵を襲う恐ろしい敵である。そのため、侵入《しんにゅう》にできるだけ早く気づき、対処することが生きていく上で非常に大切なのである。

大阿蘇《おおあそ》

42〜43ページ Step 2

❶ (1) 10〜13（完答）

(2) イ

(3) 例 雨の中に立って濡れながら草を食べている。

(4) ウ

(5) 重っ苦しい噴煙・空いちめんの雨雲（順不同）

(6) 例 目の前に広がる自然の光景が、永遠に変わらないような思い。

(7) 例 いつまでも降り続くように感じている。

❷ ① 樹齢　② 発酵　③ 披露　④ 媒体

考え方

❶ (1) ここまでは視点は草を食べている馬にあったが、10行目ではいったん馬を離れ、背景となっている大きな阿蘇山へと移り、また馬へと戻っている。

(2)「蕭々《しょうしょう》と」は、物さびしい様子の雨がいつまでも降り続く様子を表している。

(3)「草もたべずに　きょとんとしてうなじを垂れて」いる馬もいるが、大半の馬は雨に濡《ぬ》れながら立ち尽くし、草を食べ続けている。

(4)「たべている」という言葉が繰り返されている。

(5) 前の部分に着目する。「うすら黄いろい　重っ苦しい噴煙」と、「空いちめんの雨雲」が、終わることなくいつまでも続いているのである。

(6) 作者は、まるで目の前の時が止まってしまい、永遠に続いていくかのように感じている。

(7)「降っている」「たべている」といった言葉が繰り返され、変わることのない阿蘇山の風景をバックにした馬たちの様子もずっと変わらずに続いていくように感じている。

蓬莱《ほうらい》の玉の枝──「竹取《たけとり》物語」から

44〜45ページ Step 1

❶ (1) A よろず　B なんいいける

(2) あ・う（順不同）

(3) ① 不思議に思って　③ かわいらしい様子で

(4) なよ竹のかぐや姫

(5) いと

(6) イ

(7) わずか三か〜娘になった

(8) ウ

考え方

❶ (1)「づ」を「ず」に、「なむ」を「なん」に、「ひ」を「い」に直す。

(2) いの主語は「竹」。えの主語は「三寸ばかりなる人」である。

(3) ③ 現代語の「うつくしい」は「きれいだ」という意味だが、古文

(4) では「かわいらしい」という意味を表すことに注意する。
「娘」とは竹の中にいた「三寸ばかりなる人」のこと。この人を、「なよ竹のかぐや姫」と名づけたのである。
(5) 古文と現代語訳を見比べて、対応する言葉を考える。「うつくしうて（かわいらしい様子で）」の前にある言葉である。
(8) 自分がいずれ月に戻らなければならないと知っていたかぐや姫は、貴公子たちの求婚を受けるわけにはいかなかったのである。

蓬莱《ほうらい》の玉の枝——「竹取《たけとり》物語」から

46～47ページ Step 2

❶
(1) ⓐよそおい ⓑもうで
(2) 蓬莱の山
(3) ②思われて ③周囲
(4) ④ウ ⑤ウ ⑥イ
(5) イ
(6) 例 見劣りする玉の枝が、にせものだと疑われないようにするため。
(7) 例 身を隠して匠たちににせものの蓬莱の玉の枝を作らせ、かぐや姫に架空の冒険談をしてそれが本物の蓬莱の玉の枝だと信じさせるというもの。

❷ ①奪 ②出迎 ③召 ④承

—考え方—

❶
(1) ⓐ歴史的仮名遣いの語頭以外のハ行の仮名は、現代仮名遣いでは「わ・い・う・え・お」となる。
(2) くらもちの皇子《みこ》が、蓬莱の玉の枝をどこで取ってきたと語っているかを読み取る。
(3) 現代語訳を古典語と照らし合わせて探す。古文の「おぼえて」は現代語の「記憶して」とは異なり、「思われて」という意味。
(4) ④現代語訳を読むと「見歩《あり》く」の主語は「私」となっている。つまり、語り手であるくらもちの皇子である。
(5) 現代語訳では「これを聞いて、うれしくてたまりませんでした」とあるので、何を聞いたのかを考えればよい。
(6) 玉の枝がにせものであるため、くらもちの皇子は策略に気づかれないよう「見劣りする」とごまかしているのである。「にせものだと疑われない（気づかれない）ようにするため」という意味の内容があればよい。
(7) くらもちの皇子の行動と、その後の作り話の内容から、どのような策略をめぐらせていたのかを読み取る。

今に生きる言葉

48～49ページ Step 1

❶
(1) ①カ ②ウ ③ア
(2) イ
(3) ア
(4) ⑥するどい ⑦あなた
(5) ①できなかった ②ア

—考え方—

❶
(2) 「矛盾」とは、「話のつじつまが合わないこと」。この意味で言葉を正しく用いているのは、イである。
(4) ⑥「鋭利《えいり》」などの熟語をもとに考える。
⑦「子」には「先生」という意味もあるが、ここでは「あなた」という意味。

「不便」の価値を見つめ直す

50～51ページ Step 1

❶
(1) 何かをするときにかかる労力が多いこと
(2) ア
(3) 不便益

(4) ①不便 ②便利 ③時間 ④目的地 ⑤人や景色
(5) ⑤C ⑥A

考え方

❶ (2) (1) 最初に疑問を投げかけたうえで、それについて考察している。
(2) 「そう」とは、直前で述べた「不便は悪いこと」だということ。筆者はこれに対して「不便は必ずしも悪いことではない」と述べ、その理由を続く部分で説明している。
(3) 「益」は「利益」などに用いて、「得になること」という意味。不便の中の利益（よいこと）を、筆者はこのように名付けている。

「不便」の価値を見つめ直す

52〜53ページ Step 2

❶ (1) ウ
(2) 例 自分で考えたり工夫したりする余地があるほうが、モチベーションが高くなり、達成感も大きくなるから。
(3) ①A固定観念 B不便 C喜び D能力
②「不便〜出そう」
(4) 例 生活の中で「不便だ」と感じていたことに隠れている、新しい気づきや楽しみを発見すること。

❷ ①要 ②施設 ③普及 ④繰

考え方

❶ (1) 「不便益」は、一見不便だと思われたことが、利益を生み出すこと。ウの「レトルトカレーを使う」ことは時間と手間を省き、便利にするためのものなので、「不便」の例には当てはまらない。
(2) 不便であるからこそ自分で考えたり工夫したりせねばならないため、受け身で行動することができず、モチベーションが高くなる。また、うまくいったときの達成感も大きくなると筆者は指摘している。
(3) ①便利なことは、あれこれ工夫しなくても利用することができるが、不便な事柄は、今までのやり方や考え方にとらわれずにいろいろ試してみることができるため、楽しみを見いだしたり、自分の能力を生かしたりすることができるのである。
②便利であることを否定し、不便な生活に戻ろうという考え方と、不便のよさを受け入れる「不便益」の考え方が対比されていることを捉える。
(4) 「これまでの常識」とは、不便なことは悪いことだと考え、それをさけようとする考え方のこと。不便なことの中に「新しい気づきや楽しみが隠れている」という視点をもつことで、世界を多様に見ることができると筆者は指摘している。

文法への扉2 言葉の関係を考えよう（蓬萊《ほうらい》の玉の枝〜考える人になろう）

54〜55ページ Step 2

❶ ①さず ②いそが ③ざんしん ④く ⑤おうせい ⑥かんじん ⑦かせ ⑧しぼ ⑨さ ⑩ふ ⑪しんけん ⑫まんしん ⑬とくしゅ ⑭つばさ ⑮い

❷ ①筒 ②冒頭 ③矛盾 ④結婚 ⑤堅 ⑥恐 ⑦尋 ⑧奪 ⑨添 ⑩贈 ⑪一般 ⑫途中 ⑬施設 ⑭完璧 ⑮面倒

❸ (1) ①主語…意見が 述語…出る ②主語…僕は 述語…行った
(2) ①イ ②エ
(3) ①ア ②ウ ③ア ④ア
(4) ①イ ②ウ ③エ ④ア
(5) ①走ってきた ②父と母は

考え方

❸ (1) 述語はほとんどの場合文末にあるので、まず述語を見つけ、それをもとに主語を探す。①「出る」のは「意見」。②「行った」のは「僕」である。
(2) 修飾・被《ひ》修飾の関係は、その部分だけを取り出しても意味が通る。①は「難しい本」、②は「少しずつ染まり始めた」と、意味がつ

ながっている。

(3) ①「遅い。だから」と、二つの文に分けることができる。
②「でも」が逆接の接続語である。

(4) ②「君と僕は」は主語、③「貸してもらった」は述語になる連文節である。

(5) ①補助の関係。
②並立の関係。

少年の日の思い出

56〜57ページ Step 1

❶ (1) ちょう集め
(2) ア
(3) 宝を探す人
(4) ①イ
②微妙な喜び〜った気持ち
(5) イ

考え方

❶ (1)「僕」が夢中になっていたのは、ちょうを集めることである。

(3) ちょうを「宝」にたとえていることから、「僕」が夢中になってちょうを集めていた様子が読み取れる。

(5)「僕」がちょうを見つけ、そっと近づいていく様子を描写した部分である。ちょうに近づくにつれ、細部がはっきりと見えるようになり、それに伴って「僕」の緊張と歓喜《かんき》が高まっていく様子があざやかに描かれている。

少年の日の思い出

58〜59ページ Step 2

❶ (1) 例 エーミールが小さいながら自分だけの部屋を持っていたこと。
(2) ア
(3) ③イ・ク ⑦ウ・オ（各順不同・完答）
(4) 例 紙切れの下に隠れているクジャクヤママユの有名な斑点を見たかったから。
(5) 四つの大きな不思議な斑点
(6) 大きな満足感
(7) ・例 自分が盗みをした下劣なやつだということを悟り、ショックを受ける気持ち。
・例 盗みをしたことが見つかりはしないかという大きな不安を感じる気持ち。（順不同）

❷ ①塔 ②伏 ③模範 ④一切

考え方

❶ (1) エーミールがクジャクヤママユを手に入れたことではないことに注意。直前で書かれているように、エーミールが自分の部屋を持っていることが、「僕」はずっと羨ましかったのである。

(2) とにかくちょうが見たくて、夢中になっている。冷静な判断力を失い、ちょうのことしか考えられなくなっている「僕」の様子が読み取れる。

(3) 一回目と二回目の「胸をどきどきさせ」た理由がまったく違うことに注意する。ちょうを見る前はとにかく斑点が見たくて夢中になっていたが、ちょうを盗み我に返って初めて、自分がしたことに大きな不安と恐れを感じている。

(4)「僕」がエーミールの部屋に入った目的はクジャクヤママユを見ることである。しかし、クジャクヤママユの中で最も美しい、「有名な斑点」が見えない状態になっていたのである。

(5) 擬人法が用いられている。「僕」が斑点に心をひきつけられている様子が読み取れる。

(6) 持ち出した直後の気持ちである。誰かが上がってくる音を聞き、良心が目覚めるまでは、満足感以外には何も感じていなかったのである。

(7) このとき「僕」が感じているのは、「自分は盗みをした、下劣なやつだ」という悟り、そして、「見つかりはしないか、という恐ろしい不安」である。

少年の日の思い出

60～61ページ Step 2

❶ (1) イ

(2) 例 エーミールに自分の罪を告白し、自分の持っているものをあげることで、許してもらうように頼むこと。

(3) だいなしになったちょう

(4) ① 例 盗みを平気でおこなうような悪漢。

② 軽蔑

(5) ① ア・エ（順不同・完答）

② 例 エーミールが「僕」自身を軽蔑するだけでなく、「僕」のちょうへの気持ちも否定したから。

❷ ① 犯　② 悟　③ 罰　④ 償

考え方

❶ (1) 母からエーミールのところに行くように言われても、「僕」はなかなか決心がつかず、家でぐずぐずしている。エーミールが絶対に自分を許さないことをわかっていたからである。

(2) 母が今日中にしなければならないと言ったのは、エーミールに自分の罪を告白することと、許してもらうように頼むことである。

(3) エーミールはだいなしになったちょうを何とか修復しようとしたが、どうにもならないほど、ちょうはつぶれてしまっていたのである。

(4) ① 盗みをしたことを告白した「僕」に対するエーミールの言葉である。「僕は悪漢だということに決まってしまい」に着目する。

② エーミールが「僕」に対して感じているのは、「怒り」でも「憎しみ」でもない、冷たい「軽蔑」である。

(5) ①「喉笛に飛びかかる」は、相手を殺してしまいかねないほどの激しい殺意を表す。

② エーミールに「そうか、つまり君はそんなやつなんだな」と言われ、軽蔑の目を向けられても、「僕」は彼に許してもらおうとしている。しかし、「君がちょうをどんなに取り扱っているか、ということを見ることができた」と「僕」自身のちょうに対する思いまで否定されたことは、許せなかったのである。

文法への扉3 単語の性質を見つけよう（少年の日の思い出～文法への扉3）

62～63ページ Step 2

❶ ① びしょう　② ぜつみょう　③ かんだか　④ はんてん　⑤ せん　⑥ けっかん　⑦ しぼう　⑧ いっさい　⑨ ばつ　⑩ たんせい　⑪ つぐな　⑫ ののし　⑬ のどもと　⑭ けいべつ　⑮ いぜん

❷ ① 書斎　② 羨　③ 闇　④ 愉快　⑤ 戯曲　⑥ 網　⑦ 瓶　⑧ 範囲　⑨ 妬　⑩ 攻撃　⑪ 露呈　⑫ 腰　⑬ 優雅　⑭ 繕　⑮ 悟

❸ (1) ① 電車・ゆっくり・走る（順不同）

② 肩・重い・荷物・下ろす（順不同）

(2) ① 重要だ

② 美しい・並ぶ（順不同）

(3) ① オ　② ウ　③ ケ

(4) ① 連体詞　② 名詞　③ 接続詞　④ 形容動詞

(5) 動詞・形容詞・形容動詞（順不同・完答）

考え方

❸ (1) ①「ゆっくり」は副詞である。

②「から」は助詞。
(2) ①「重要だ」は形容動詞。
②「美しい」は形容詞、「並ぶ」は動詞。
(3) 品詞分類表を見て、それぞれの品詞の特徴を確認する。
(4) ①「小さな」は連体詞。形容詞「小さい」の活用形ではないことに注意する。一方、④「きれいだ」は「きれいな」と活用する形容動詞である。
(5) 自立語で活用がある品詞である。

随筆二編

64〜65ページ Step 2

❶ (1) ① 遠方
② 例 まだ幼い筆者には、この言葉の意味がよくわからなかったから。
(2) ウ
(3) 例 父が遠くへ行ってしまうと知り、不安とさびしさを感じたから。
(4) イ
(5) 例 自分は連れて行ってもらえない、非日常的な憧れの場所。
❷ ① 数軒 ② 埋 ③ 濃 ④ 際限

考え方

❶ (1) ①父は「遠くに行くんだよ」という意味で、「遠方」と言っている。
②筆者が四、五歳の頃の話である。幼い筆者には、「えんぽう」という音は覚えられても、その言葉がどのような意味であるか、理解できなかったことが表現されている。
(2) 電車のつり革は、たとえ電車が揺れても、しっかりとつかまっていれば自分を支え、守ってくれるもの。同じように、父の手も、しっかりとにぎりしめていれば「何も怖いものはな」く、安心できたのである。
(3) 「息がせわしく」なるのは、「私」の不安が大きいからである。日帰りとはいえ、父がどこか遠くへ行ってしまうというのは、幼い「私」にとって非常にさびしく、不安なことであったのである。
(4) 不安に押しつぶされそうになっている「私」に対して、父は私に何も心配はいらないことを伝えるために、あえて気楽な様子で答えている。
(5) 「私は、連れていってもらえない『えんぽう』というところに、深く深く憧れた」とある。

言葉3 さまざまな表現技法（随筆二編〜言葉3）

66〜67ページ Step 2

❶ ①よいん ②か ③はち ④ぎじんほう ⑤かめ ⑥ついく ⑦まく ⑧てんじょう ⑨やまおく ⑩ぬ ⑪よんさい ⑫く ⑬びょうしゃ ⑭せんぱい ⑮じゃぐち
❷ ①随時 ②憧 ③一軒家 ④埋 ⑤濃 ⑥記憶 ⑦革 ⑧見逃 ⑨匂 ⑩頃 ⑪妙 ⑫舞 ⑬怖 ⑭眺 ⑮灰色
❸ (1) ①イ ②エ
(2) イ→ウ→ア
(3) ①聞こえるよ ②海から昇った
❹ (1) ①ウ ②ア ③イ

考え方

❶ (1) ①月は東に（昇り）、日は西に（沈む）などが省略されていると読むことができる。
②「最上《もがみ》川」という体言（名詞）で止められている。
(2) どの行に述語があるかを考える。
(3) 同じ組み立てになっている行を探して、対応する言葉を考える。
❹ (1) ①木を人間にたとえている。
②「のような」が使われている比喩なので、「直喩」となる。
③「ようだ」などの言葉を使わずにたとえているので、「隠喩」。

漢字3 漢字の成り立ち（随筆二編～漢字に親しもう6）

68～69ページ Step 2

❶ ①ふごう ②とうげ ③はもの ④か ⑤しはん ⑥きょうゆ ⑦かれつ ⑧がはく ⑨きた ⑩にはく ⑪こうてつ ⑫きゅうてい ⑬もっきん ⑭す ⑮さ

❷ ①収穫 ②紙幣 ③武勲 ④空虚 ⑤偽造 ⑥鼓膜 ⑦惜 ⑧汗 ⑨拍手 ⑩商 ⑪愉快 ⑫比喩 ⑬幾何学 ⑭靴 ⑮驚

❸ (1) ①エ ②イ ③ウ ④ア ⑤ア ⑥イ ⑦エ ⑧ウ
(2) ①フク ②ケイ ③カク ④コウ
(3) ①鳴 ②男 ③休 ④計

考え方

❸ (1) 見分けが難しいのが、会意と形声。漢字を分解して、一部に音読みと同じ読み方をする部分があれば形声だが、もともとの中国の読み方から音読みを採っている場合もあるので注意が必要である。
(2) それぞれ、共通する部分に注目する。
(3) すべて会意文字である。
①「鳥」が「口」を使うから「鳴」く。
②「田」で「力」を出すのが「男」。
③「人」が「木」のそばで「休」む。「人」がにんべんになっていることに注意する。
④「十（数字）」を「言」って「計」る。

さくらの　はなびら

70～71ページ Step 2

❶ (1) ア
(2) ア
(3) ①A 終わり　B 始まり
②イ
(4) 例 おわってはじまった
(5) かけがえのない
(6) 例 たとえ小さなできごとに見えても、どれもかけがえのない生命の動きの一つであり、それらが合わさって世界を作っていること。

❷ ①童謡 ②捉 ③繰 ④倒置

考え方

❶ (1) 現代の話し言葉で、自由な音数で書かれた詩である。
(2) さくらの花びらが一枚、地面に落ちたということ。
(3) ①そのさくらの花びら一枚にとっては一つの「終わり」だが、それが新しい花へとつながる「始まり」ともなっているということ。
②「おわったのだ」と「はじまったのだ」が対になっている。
(4) さくらにとっても、地球にとっても、宇宙にとっても、それが終わりであり、始まりでもあるということである。
(5) さくらの花びらが地面に落ちるというのはごく普通の「あたりまえすぎる」ことだが、そうした一つ一つが「かけがえのない」生命へつながっている、ということになる。
(6) 作者は、地面に落ちた小さなさくらの花びらから、脈々とつながっていくかけがえのない生命へと思いをはせている。

文法1～3　まとめ

72ページ Step 2

❶ (1) 君が待つあの部屋に帰ったら花を飾ろう。君が好きだと言っていた白いバラがいいと思う。きっと暗い部屋が少しは明るくなるはずだ。
(2) 文節…10　単語…16

❷ (1) ①ア ②イ ③ウ

❸ (2) 和食も洋食も

❸ (1) ①キ ②ア ③ケ ④ク ⑤カ ⑥ウ ⑦イ ⑧オ ⑨エ ⑩コ

一考え方一

❶ (1) 一文の切れ目に句点を入れて、意味の通じる文にする。「好きだ」「白い」「暗い」などもあるが、これは下の言葉につながっているので句点は入れられないことに注意。

(2) 「読んでいたものだ」の部分に注意。文節に分けると「この／本は／私が／小さい／ときに／大好きで／繰り返し／読んで／いた／ものだ」となり、単語に分けると「この｜本｜は｜私｜が｜小さい｜とき｜に｜大好きで｜繰り返し｜読ん｜で｜い｜た｜もの｜だ」となる。

❷ (1) ③「寒かった。それで」と、ここで二文に分けることができる。

(2) 並立の関係になっているところは、語順を入れ替えることができる。ここでも、「洋食も和食も」としても、文章の意味が変わらない。

❸ (1) まず、自立語か付属語かを見きわめたうえで、活用の有無を考える。

⑤「あの」は「店」という体言を修飾する連体詞。こそあど言葉の品詞は決まっておらず、「あれ」は名詞、「ああ」は副詞なので注意する。

テスト前 ☑ やることチェック表

① まずはテストの目標をたてよう。頑張ったら達成できそうなちょっと上のレベルを目指そう。
② 次にやることを書こう（「ズバリ英語〇ページ，数学〇ページ」など）。
③ やり終えたら□に✓を入れよう。
最初に完ぺきな計画をたてる必要はなく，まずは数日分の計画をつくって，
その後追加・修正していっても良いね。

目標

	日付	やること 1	やること 2
2週間前	／	□	□
	／	□	□
	／	□	□
	／	□	□
	／	□	□
	／	□	□
	／	□	□
1週間前	／	□	□
	／	□	□
	／	□	□
	／	□	□
	／	□	□
	／	□	□
	／	□	□
テスト期間	／	□	□
	／	□	□
	／	□	□
	／	□	□
	／	□	□

QRコードのページに登録すると，「ぴたリンク」からも表をダウンロードできるよ

テスト前 ☑ やることチェック表

① まずはテストの目標をたてよう。頑張ったら達成できそうなちょっと上のレベルを目指そう。
② 次にやることを書こう（「ズバリ英語〇ページ，数学〇ページ」など）。
③ やり終えたら□に✔を入れよう。
最初に完ぺきな計画をたてる必要はなく，まずは数日分の計画をつくって，
その後追加・修正していっても良いね。

目標

	日付	やること 1	やること 2
2週間前	／	□	□
	／	□	□
	／	□	□
	／	□	□
	／	□	□
	／	□	□
	／	□	□
1週間前	／	□	□
	／	□	□
	／	□	□
	／	□	□
	／	□	□
	／	□	□
	／	□	□
テスト期間	／	□	□
	／	□	□
	／	□	□
	／	□	□
	／	□	□

QRコードのページに登録すると，「ぴたリンク」からも表をダウンロードできるよ

キリトリ線

ズバリよくでる 直前

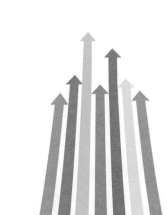

チェックBOOK

漢字の読み書き・
文法重要事項に完全対応!

国語

光村図書版

1年

シンシュン 教p.22〜29

- 発見に驚く。（おどろ）
- 僕のかばん。（ぼく）
- うそは嫌いだ。（きら）
- 牛丼を食べる。（ぎゅうどん）
- ズバッ 靴下を買う。（くつした）
- 商品が違う。（ちが）
- ふと振り返る。（ふ）
- 友達に怒る。（おこ）
- ズバッ 地面を殴る。（なぐ）
- 悔しい気持ち。（くや）
- 緊《きん》張して黙る。（だま）
- 故郷を離れる。（はな）
- 怖いと感じる。（こわ）
- ズバッ 正直に謝る。（あやま）

情報整理のレッスン 比較・分類 教p.32〜33

- 比較して話す。（ひかく）
- 本質を捉える。（とら）

- 甘い味がする。（あま）
- 坊やをあやす。（ぼう）
- 椅子に座《すわ》る。（いす）
- ズバッ 付箋をつける。（ふせん）
- 本を検索する。（けんさく）
- ズバッ 目立った特徴。（とくちょう）
- 類似した点。（るいじ）
- 野菜が傷む。（いた）

漢字1 教p.38〜39

- 仕事で疲れる。（つか）
- 癖のある字。（くせ）
- ズバッ 難所を越える。（こ）
- ズバッ 定員を超える。（こ）
- 客として扱う。（あつか）
- 強い劣等感。（れっとう）
- 腎臓の手術。（じんぞう）
- 起訴の手続き。（きそ）
- 頑固な一面。（がんこ）
- ズバッ 襟元を飾《かざ》る。（えりもと）

- 袋がやぶける。（ふくろ）
- 大気の汚染。（おせん）
- 安泰を願う。（あんたい）
- 恭順の態度。（きょうじゅん）
- 父の苦悩。（くのう）
- ズバッ 懸命に戦う。（けんめい）
- 風で上昇する。（じょうしょう）
- ガラスの破片。（はへん）
- 明けの明星。（みょうじょう）

漢字に親しもう1 教p.40

- 傑作と評する。（けっさく）
- 楽譜を見る。（がくふ）
- 水墨画を描《か》く。（すいぼくが）
- ズバッ 稽古を受ける。（けいこ）
- 古い童謡。（どうよう）
- 陶芸を楽しむ。（とうげい）
- ズバッ 案を捻出する。（ねんしゅつ）
- 挫折を味わう。（ざせつ）
- 足を打撲する。（だぼく）

ズバッ テストでまちがえやすい漢字

断固拒否する。（きょひ）
一括で支払《しはら》う。（いっかつ）
姿勢の維持。（いじ）
緯度を調べる。（いど）
町の紡績工場。（ぼうせき）
速やかに動く。（すみ）
場が和む。（なご）
人が集う。（つど）
暑さが和らぐ。（やわ）
専ら練習する。（もっぱ）

ダイコンは大きな根？ 教 p.42〜45

ひまわりの茎。（くき）
双葉を広げる。（ふたば）
腕を伸ばす。（の）
軸を支える。（じく）
城の跡が残る。（あと）
辛いたまねぎ。（から）
昔の人の知恵。（ちえ）
植物の細胞。（さいぼう）

石を破壊する。（はかい）
力を抑える。（おさ）
魅力を感じる。（みりょく）

ちょっと立ち止まって 教 p.46〜51

厳しい指摘。（してき）
水に浮かべる。（う）
動物の影絵。（かげえ）
橋を架ける。（か）
珍しい宝石。（めずら）
ほら穴の奥。（おく）
顎をなでる。（あご）
化粧をする。（けしょう）
浜辺《はまべ》に座る。（すわ）
秀麗な作品。（しゅうれい）
岩が露出する。（ろしゅつ）
荒々しい声。（あらあら）
きつく縛る。（しば）
無料で試す。（ため）
距離を測る。（きょり）

思考のレッスン1 教 p.52〜53

考えの根拠。（こんきょ）
心を込める。（こ）
歴史に基づく。（もと）
信頼を築く。（しんらい）
書類の確認。（かくにん）
基礎を習う。（きそ）
優勝圏内（けんない）

漢字に親しもう2 教 p.58

二塁に出る。（にるい）
喝采を浴びる。（かっさい）
砲丸を投げる。（ほうがん）
審判を任せる。（しんぱん）
連覇を目指す。（れんぱ）
海浜の公園。（かいひん）
匹敵する力。（ひってき）
自信の喪失。（そうしつ）
黒酢を作る。（くろず）
臼で粉をひく。（うす）

ズバッ テストでまちがえやすい漢字

皆様に伝える。（みなさま）
光沢を放つ。（こうたく）
三人で競う。（きそ）
得意な技。（わざ）
時間を割く。（さ）
弓道の部活。（きゅうどう）

情報を集めよう　教 p.60～61

知恵を絞る。（しぼ）
金を請求する。（せいきゅう）
頭文字を書く。（かしらもじ）
哲学の講義。（てつがく）
意見が欲しい。（ほ）
ズバッ 現金出納帳（すいとう）

情報を読み取ろう　教 p.62～63

大半を占める。（し）
ズバッ 雪辱を果たす。（せつじょく）

情報を引用しよう　教 p.64～66

字を抜きだす。（ぬ）
彫刻の作品。（ちょうこく）

ズバッ 法を遵守する。（じゅんしゅ）

詩の世界　教 p.68～72

普通の生き方。（ふつう）
部屋の隅。（すみ）
道路を渡る。（わた）
ズバッ 円の弧の長さ。（こ）
広大な砂漠。（さばく）
花を咲かせる。（さ）
現実に戻る。（もど）

比喩で広がる言葉の世界　教 p.73～76

ズバッ 比喩を用いる。（ひゆ）
波に揺れる。（ゆ）
白い帆を張る。（ほ）
気になる事柄。（ことがら）
ズバッ 瞬時に考える。（しゅんじ）
思うまま描く。（えが）
時間を与える。（あた）
言葉を尽くす。（つ）
雷が鳴りやむ。（かみなり）

ズバッ 声が響き渡る。（ひび）
激烈さを語る。（げきれつ）
迫力に欠ける。（はくりょく）
少し緊張する。（きんちょう）
星が輝きだす。（かがや）

言葉1　教 p.77～79

名称を覚える。（めいしょう）
ズバッ 木を伐採する。（ばっさい）
並列につなぐ。（へいれつ）
ズバッ 数が累加する。（るいか）
赤い扉を開く。（とびら）
鍵を忘れる。（かぎ）
費用が掛かる。（か）
選択を迫る。（せんたく）
連絡を待つ。（れんらく）
辞書の項目。（こうもく）

言葉を集めよう　教 p.80～81

力を蓄える。（たくわ）
友人の紹介。（しょうかい）

涼しい目元。（すず）

透き通った色。（す）

柔らかい布。（やわ）

修飾する語。（しゅうしょく）

見えない工夫。（くふう）

鉄分を含む。（ふく）

砂糖を溶かす。（と）

技を極める。（きわ）

程よい加減。（ほど）

本の中の中学生　教 p.84～89

道幅が広い。（みちはば）

試合に臨む。（のぞ）

彼と話をする。（かれ）

コートを脱ぐ。（ぬ）

腕を上げる。（うで）

気後れする（きおく）

空気が澄む。（す）

一斉に立つ。（いっせい）

昔話の魔女。（まじょ）

髪色を変える。（かみいろ）

厳かに伝える。（おごそ）

胴体を動かす。（どうたい）

ズボンを履く。（は）

核心を突《つ》く。（かくしん）

本の間に挟む。（はさ）

植木鉢を買う。（うえきばち）

棚に上げる。（たな）

擦り傷を負う。（す）

暇をつぶす。（ひま）

野球部の顧問。（こもん）

原石を磨く。（みが）

大人になれなかった弟たちに……　教 p.96～105

空襲の警報。（くうしゅう）

大きな爆弾。（ばくだん）

地面を掘る。（ほ）

薄い緑色の服。（うす）

缶を開ける。（かん）

菓子を食べる。（かし）

ものを盗む。（ぬす）

疎開先の村。（そかい）

四歳になる。（よんさい）

親戚が集まる。（しんせき）

きれいな渓流。（けいりゅう）

大きな桃の木。（もも）

空を雲が覆う。（おお）

本を交換する。（こうかん）

隣の村に行く。（となり）

洗濯《せんたく》物が乾く。（かわ）

遠慮深い人。（えんりょ）

目撃者の証言。（もくげき）

杉板を割る。（すぎいた）

鉛筆《えんぴつ》を削る。（けず）

小さな棺。（かん）

星の花が降るころに　教 p.106～115

ボタンを押す。（お）

俺とお前。（おれ）

塾に通う生徒。（じゅく）

先輩と話す。（せんぱい）
静かな廊下。（ろうか）
景色を眺める。（なが）
新しい挑戦。（ちょうせん）
香水をつける。（こうすい）
友達を誘う。（さそ）
顔を背ける。（そむ）
騒々しい教室。（そうぞう）
唇をかむ。（くちびる）
駆け足になる。（か）
貧血を起こす。（ひんけつ）
時間が遅い。（おそ）
魂を込める。（たましい）
探りを入れる。（さぐ）
憎らしい態度。（にく）
日陰で休む。（ひかげ）
窓を拭く。（ふ）
涙を流す。（なみだ）
雑草を刈る。（か）

体は大丈夫だ。（だいじょうぶ）
庭を掃除する。（そうじ）
厄介な宿題。（やっかい）
白い帽子。（ぼうし）
本を抱え持つ。（かか）

言葉2　教 p.121~122

猫と遊ぶ。（ねこ）
実情に即する。（そく）
互いに信じる。（たが）
普及した商品。（ふきゅう）
円滑な会話。（えんかつ）
湿り気がある。（しめ）
繊細な感受性。（せんさい）
激しい息遣い。（いきづか）
子に受け継ぐ。（つ）

漢字2　教 p.123~124

幾つかの発見。（いく）
技巧をこらす。（ぎこう）
光を遮断する。（しゃだん）

企画書を書く。（きかく）
在庫の有無。（うむ）
土砂が積もる。（どしゃ）
盛夏の海。（せいか）
夏至の日。（げし）
日本の首相。（しゅしょう）
長年の知己。（ちき）
街道を歩く。（かいどう）
弟が号泣する。（ごうきゅう）
結果の申告。（しんこく）
ご所望の品。（しょもう）

「言葉」をもつ鳥、シジュウカラ　教 p.126~135

花が咲く頃。（ころ）
頰が赤くなる。（ほお）
繁殖した鳥。（はんしょく）
犬に餌をやる。（えさ）
敵を威嚇する。（いかく）
分析の結果。（ぶんせき）
周囲の警戒。（けいかい）

状況を問う。（じょうきょう）
上品に舞う。（ま）
本に詳しい。（くわ）
虫を追い払う。（はら）
誰かの持ち物。（だれ）
解釈が違う。（かいしゃく）
ズバッ 脅威を感じる。（きょうい）
獲得した賞品。（かくとく）
人を魅了する。（みりょう）
能が盛んな町。（さか）

思考のレッスン2 教 p.136～137

人の足を踏む。（ふ）
ズバッ 隔離された島。（かくり）
地球の環境。（かんきょう）
町で偶然会う。（ぐうぜん）
失敗を隠す。（かく）

漢字に親しもう3 教 p.144

苗を植える。（なえ）
樹齢百年の木。（じゅれい）

入り江の近く。（え）
細菌の研究。（さいきん）
美しい虹。（にじ）
ズバッ 大豆の発酵。（はっこう）
ズバッ 芸を披露する。（ひろう）
摩擦が起こる。（まさつ）
利益の還元。（かんげん）
肯定的な意見。（こうてい）
絵を挿入する。（そうにゅう）
ズバッ 陪審の制度。（ばいしん）
情報の媒介。（ばいかい）
駅前の駐車場。（ちゅうしゃ）
度重なる失敗。（たび）
果物の出荷。（しゅっか）
神社の境内。（けいだい）
海の幸を取る。（さち）
納得いく結果。（なっとく）
黄砂が飛ぶ。（こうさ）
取引の仲介。（ちゅうかい）

大阿蘇 教 p.150～151

煙が上がる。（けむり）
ズバッ 山が噴火する。（ふんか）
丘の上で休む。（おか）

蓬莱の玉の枝 教 p.158～169

筒の中を探す。（つつ）
物語の冒頭。（ぼうとう）
子を授かる。（さず）
ズバッ 籠に入れる。（かご）
家で娘と遊ぶ。（むすめ）
かぐや姫の話。（ひめ）
兄が結婚する。（けっこん）
ズバッ 予定を諦める。（あきら）
部屋を訪れる。（おとず）
恐ろしい病気。（おそ）
意味を尋ねる。（たず）
山の斜面。（しゃめん）
ズバッ スカートの裾。（すそ）
心を奪われる。（うば）

テストでまちがえやすい漢字

客を迎える。（むか）
お召しになる。（め）
言葉を添える。（そ）
記念に贈る。（おく）
急ぎの文。（ふみ）
大役を承る。（うけたまわ）

今に生きる言葉　教 p.170～174

座右の銘。（めい）
矛盾に気付く。（むじゅん）
それは蛇足だ。（だそく）
彼は口が堅い。（かた）

「不便」の価値を見つめ直す　教 p.176～185

手間が要る。（い）
一般的な考え。（いっぱん）
通学の途中。（とちゅう）
施設の名前。（しせつ）
繰り返し言う。（く）
注意を促す。（うなが）
成し遂げる（と）

有名な師の下。（もと）
支援を受ける。（しえん）
面倒な作業。（めんどう）

漢字に親しもう4　教 p.188

忙しい季節。（いそが）
斬新な発想。（ざんしん）
勝利の祈願。（きがん）
食欲が旺盛だ。（おうせい）
辛抱が肝要だ。（かんよう）
完璧な勝利。（かんぺき）
大金を稼ぐ。（かせ）
渇きを潤《うるお》す。（かわ）
交通が滞る。（とどこお）
湯を沸かす。（わ）
体が衰える。（おとろ）
正月に詣でる。（もう）
ぶどうを搾る。（しぼ）
くしを刺す。（さ）
現役の選手。（げんえき）

仕事に就く。（つ）
素直な性格。（すなお）
母と参宮する。（さんぐう）

考える人になろう　教 p.190～193

手が触れる。（ふ）
真剣に考える。（しんけん）
姉を自慢する。（じまん）
特殊なケース。（とくしゅ）
翼を広げる。（つばさ）

少年の日の思い出　教 p.198～213

父の書斎。（しょさい）
台に腰掛ける。（こしか）
文字を縁取る。（ふち）
暗闇を歩く。（くらやみ）
心を閉ざす。（と）
妙な胸騒《むなさわ》ぎ。（みょう）
不愉快に思う。（ふゆかい）
優しい微笑。（びしょう）
恥ずかしがる（は）

甲高い声。（かんだか）
遊戯を楽しむ。（ゆうぎ）
塔を建てる。（とう）
網で魚を捕《と》る。（あみ）
待ち伏せる（ぶ）
斑点の模様。（はんてん）
瓶を開ける。（びん）
栓を抜く。（せん）
模範となる。（もはん）
成功を妬む。（ねた）
欠陥がある。（けっかん）
敵からの攻撃。（こうげき）
苦言を呈する。（てい）
羨ましい姿。（うらや）
優雅な動き。（ゆうが）
大罪を犯す。（おか）
真実を悟る。（さと）
恐怖に震える。（ふる）
場を取り繕う。（つくろ）

一切を話す。（いっさい）
罰を与える。（ばつ）
丹念な細工。（たんねん）
依然続く問題。（いぜん）
軽蔑の視線。（けいべつ）
喉笛をねらう。（のどぶえ）
大声で罵る。（ののし）
罪を償う。（つぐな）

漢字に親しもう5 教p.214

箸でつかむ。（はし）
喫煙室に入る。（きつえん）
抹茶を飲む。（まっちゃ）
窯で皿を焼く。（かま）
豆腐を切る。（とうふ）
脂肪を落とす。（しぼう）
全身全霊（ぜんれい）
幻覚を見る。（げんかく）
首尾一貫（しゅび）
奇抜な意見。（きばつ）

試行錯誤（さくご）
大胆な仮説。（だいたん）
穴が貫通した。（かんつう）
器に入れる。（うつわ）
茶道を楽しむ。（さどう）
熟れた果物。（う）
焼失した家屋。（しょうしつ）

随筆二編 教p.216〜219

随筆を読む。（ずいひつ）
憧れを抱く。（あこが）
十数軒の家。（けん）
沼《ぬま》に埋もれる。（う）
味が少し濃い。（こ）
記憶を戻す。（きおく）
つり革を握《にぎ》る。（かわ）
配信を見逃す。（みのが）
表面の膜。（まく）
食べ物の匂い。（にお）
天井が高い家。（てんじょう）

言葉3　教 p.224~226

- ズバッ 余韻を楽しむ。（よいん）
- 入れ替える（か）
- 対句の表現。（ついく）
- 蜂の大群。（はち）
- 擬人法を使う。（ぎじんほう）
- うさぎと亀。（かめ）

漢字3　教 p.227・228

- 符号を覚える。（ふごう）
- 峠を越える。（とうげ）
- 刃で指を切る。（は）
- 狩りに出る。（か）
- 新商品の販売。（はんばい）
- ズバッ 国語の教諭。（きょうゆ）
- ズバッ 苛烈な戦い。（かれつ）
- 有名な画伯。（がはく）
- 拍手を送る。（はくしゅ）
- 宿泊の施設。（しゅくはく）
- 幾何学の研究。（きかがく）

漢字に親しもう6　教 p.229

- 米を収穫する。（しゅうかく）
- 法廷で争う。（ほうてい）
- 日本の貨幣。（かへい）
- ズバッ 大臣の更迭。（こうてつ）
- ズバッ 勲章を授かる。（くんしょう）
- 虚偽を見抜く。（きょぎ）
- 琴線に触れる。（きんせん）
- 太鼓を鳴らす。（たいこ）
- 惜しい結果。（お）
- ズバッ 腰を据える。（す）
- 額に汗する。（あせ）
- 米を商う。（あきな）
- 支障を来す。（きた）
- 手に提げる。（さ）

ズバッ テストでまちがえやすい漢字

▶文法―言葉の単位

	特徴	例
文章・談話	一まとまりの内容を文字（文章）／音声（談話）で表したもの。	手紙 小説 スピーチ
段落	章を内容のまとまりごとに区切ったもの。段落の初めは一マス下げる。	
文	まとまった内容を表す一続きの言葉。最後に「。（句点）」をつける。	何が–何だ。 だれが–どうする
分節	発音や意味の上で不自然にならないようにできるだけ短く区切ったまとまり。	木の｜上で｜小鳥が｜鳴く。
単語	言葉の意味を壊さないように文節をさらに細かく分けたもの。	木／の／上／で／小鳥／が／鳴く。

複合語

複合語…二つ以上の単語が結びついて新たな意味を持つようになったもの。

例
持つ＋運ぶ　↓　持ち運ぶ
石＋橋　↓　石橋

※複合語は、全体で一つの単語になる。

文節分け

・文を文節に区切るときには、区切り目に「ね」「さ」などを入れるとよい。

例
私は｜ネ 大きな｜ネ 花束を｜ネ 両手で｜ネ 持って｜ネ いる。

※「花束」は一つの言葉なので二文節に分けない。

※「……て｜いる」「……く｜なる」などは、二文節に分ける。

▶文法―文の組み立て①

文節どうしの関係

① 主・述の関係（主語・述語）

主語 → 述語

何が（誰が） → どうする／どんなだ／何だ／ある・いる／ない

例 妹は（主語（誰が））　小学生だ。（述語（何だ））

風が（主語（何が））　ふく。（述語（どうする））

② 修飾・被修飾の関係（修飾語）

修飾 → 被修飾

どのように → 用言　どうする

どのくらい → 用言　どんなだ

どのような → 体言　何

何の → 体言

例 空が　とても（修飾語（どのくらい））　きれいだ。（用言（どんなだ））

大きな（修飾語（どのような））　犬が（体言（何））　ほえる。

③ 接続の関係（接続語）

接続語…文と文、文節と文節をつなぐ文節。

例 雨が降った。（文）　だから、（順接）　かさを準備した。（文）

ねむかったが、（逆接）　遅くまで起きていた。（続く文節）

④ 独立の関係（独立語）

独立語…他の文節とは関係なく、独立している文節。

例 わあ、きれいな夕焼けだね。

こんにちは、今日はいい天気ですね。

いいえ、私はそこには行きませんでした。

不言実行、それがぼくのモットーだ。

▶文法―文の組み立て②

連文節

連文節…二つ以上の文節がまとまって、主語・述語・修飾語などと同じ働きをする文節。主部・述部・修飾部・接続部・独立部と呼ぶ。

① 並立の関係…二つ以上の文節が対等な関係で並ぶ。

例 弟と 妹が いっしょに 遊んでいる。（弟と・妹が：並立（主部））

あなたの 絵は 美しく 力強い。（美しく・力強い：並立（述部））

② 補助の関係…主な意味を表す文節に、意味を補う文節がつく。

例 いっしょに やれば こわく ない。（こわく・ない：補助（述部））

そこに 立って いる 人は 兄だ。（立って・いる：補助（修飾部））

▶文法―単語の分類①

自立語と付属語

自立語…単独で文節を作ることのできる単語。

付属語…単独で文節を作れず、自立語について意味を添える単語。

例 毎年（自立語） 春（自立語） に（付属語） なる（自立語） と（付属語） 庭（自立語） に（付属語）

桜（自立語） が（付属語） きれいに（自立語） 咲く（自立語）。

活用の有無

活用…文の中で使われるとき、後ろにつく言葉によって、単語の形が変化すること。

例 歩く

私はもう歩か ない。

私は毎日歩き ます。

私は駅まで歩く。

歩くときはいつも歌を歌う。

道を歩けば楽しくなる。

もっとしっかり歩け。

僕と一緒に歩こう。

▶文法—単語の分類②

単語	活用	働き		品詞	説明	例
自立語	活用する	述語になる（用言）	ウ段で終わる	動詞	動作・変化・存在を表す	歌う・走る
自立語	活用する	述語になる（用言）	「い」で終わる	形容詞	状態・性質を表す	短い・優しい
自立語	活用する	述語になる（用言）	「だ・です」で終わる	形容動詞	状態・性質を表す	きれいだ・健康だ
自立語	活用しない	主語になる（体言）		名詞	生き物・物・事柄などを表す	手・学校
自立語	活用しない	修飾語になる	主に連用修飾語になる	副詞	主に用言を修飾する	しっかり・まるで
自立語	活用しない	修飾語になる	連体修飾語になる	連体詞	体言を修飾する	この・大きな
自立語	活用しない	接続語になる		接続詞	前後の文や語をつなぐ	そして・あるいは
自立語	活用しない	独立語になる		感動詞	感動・呼びかけ・応答を表す	まあ・おや
付属語	活用する			助動詞		ます・れる
付属語	活用しない			助詞		が・から

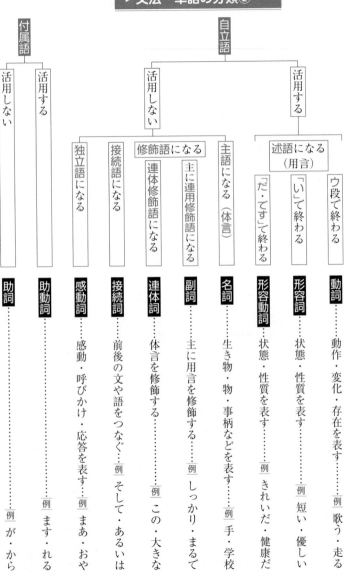

教科書ぴったりトレーニング付録

赤シート×直前対策！

ぴたトレ mini book

テストに出る！

重要問題チェック！

数学１年

赤シートでかくしてチェック！

お使いの教科書や学校の学習状況により，ページが前後したり，学習されていない問題が含まれていたり，表現が異なる場合がございます。
学習状況に応じてお使いください。

「ぴたトレ mini book」は取り外してお使いください。

正の数・負の数

●正の符号，負の符号
●絶対値

テストに出る！重要問題

〈特に重要な問題は□の色が赤いよ！〉

□200 円の収入を，＋200 円と表すとき，300 円の支出を表しなさい。

〔 −300 円 〕

□次の数を，正の符号《ふごう》，負の符号をつけて表しなさい。

(1) 0 より 3 大きい数　〔 +3 〕

(2) 0 より 1.2 小さい数　〔 −1.2 〕

□下の数直線で，A，B にあたる数を答えなさい。

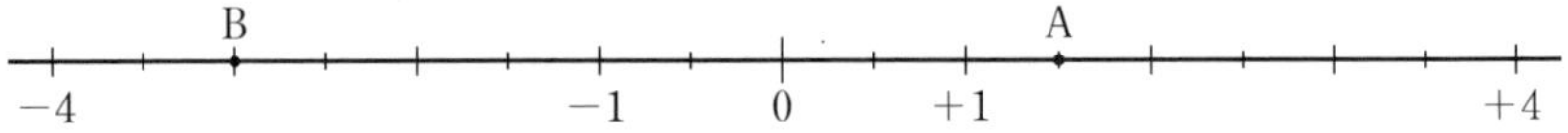

A $\left[+\frac{3}{2}\right]$　B〔 −3 〕

□絶対値が 2 である整数をすべて答えなさい。

〔 +2， −2 〕

□次の 2 数の大小を，不等号を使って表しなさい。

(1) 2.1 [＞] −1

(2) −3 [＜] −1

□次の数を，小さい方から順に並べなさい。

$-4,\ \frac{2}{3},\ 3,\ -2.6,\ 0$

$\left[-4,\ -2.6,\ 0,\ \frac{2}{3},\ 3\right]$

テストに出る！重要事項

〈テスト前にもう一度チェック！〉

□負の数＜0＜正の数

□正の数は絶対値が大きいほど大きい。

□負の数は絶対値が大きいほど小さい。

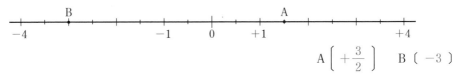

正の数・負の数　●正の数・負の数の計算

テストに出る！重要問題　〈特に重要な問題は□の色が赤いよ！〉

□次の計算をしなさい。

(1)　$(-7)+(-5)=\boxed{-12}$　　(2)　$(+4)-(-2)=\boxed{+6}$

□次の計算をしなさい。

$-8-(-10)+(-13)+21=-8+\boxed{10}-\boxed{13}+21$

$=31-\boxed{21}=\boxed{10}$

□次の計算をしなさい。

(1)　$(-2)\times5=\boxed{-10}$　　(2)　$(-20)\div(-15)=\boxed{\dfrac{4}{3}}$

(3)　$\dfrac{4}{15}\div\left(-\dfrac{8}{9}\right)=\dfrac{4}{15}\times\left(\boxed{-\dfrac{9}{8}}\right)$

$=-\left(\dfrac{4}{15}\times\boxed{\dfrac{9}{8}}\right)=\boxed{-\dfrac{3}{10}}$

□次の計算をしなさい。

(1)　$(-3)^2\times(-1^3)$

$=\boxed{9}\times(\boxed{-1})=\boxed{-9}$

(2)　$8+2\times(-5)$

$=8+(\boxed{-10})=\boxed{-2}$

□分配法則を使って，次の計算をしなさい。

$(-6)\times\left(-\dfrac{1}{2}+\dfrac{2}{3}\right)=\boxed{3}+(\boxed{-4})=\boxed{-1}$

テストに出る！重要事項　〈テスト前にもう一度チェック！〉

□ 同符号《ふごう》の 2 つの数の和…2 つの数と同じ符号に，2 つの数の絶対値の和
異符号の 2 つの数の和…絶対値の大きい方の符号に，2 つの数の絶対値の差

□ 同符号の 2 つの数の積，商の符号…正の符号
異符号の 2 つの数の積，商の符号…負の符号

正の数・負の数

●素数と素因数分解
●正の数・負の数の利用

テストに出る！重要問題

〈特に重要な問題は□の色が赤いよ！〉

□10 以下の素数をすべて答えなさい。

〔 2, 3, 5, 7 〕

□次の自然数を，素因数分解しなさい。

(1) 45

3) 45
3) 15
　　5

$45 = 3^2 \times 5$

(2) 168

2) 168
2) 84
2) 42
3) 21
　　7

$168 = 2^3 \times 3 \times 7$

□次の表は，5 人のあるテストの得点を，A さんの得点を基準にして，それより高い場合には正の数，低い場合には負の数を使って表したものです。

	A	B	C	D	E
基準との違い(点)	0	+5	−3	−8	−9

A さんの得点が 89 点のとき，5 人の得点の平均を求めなさい。

［解答］ 基準との違いの平均は，

$(0+5-3-8-9) \div 5 = -3$

A さんの得点が 89 点だから，5 人の得点の平均は，

$89 + (-3) = 86$ (点)

テストに出る！重要事項

〈テスト前にもう一度チェック！〉

□ 1 とその数のほかに約数がない自然数を素数という。
ただし，1 は素数にふくめない。

□自然数を素数だけの積で表すことを，素因数分解するという。

文字の式

●文字を使った式

テストに出る！重要問題

〈特に重要な問題は□の色が赤いよ！〉

□次の式を，文字式の表し方にしたがって書きなさい。

(1) $x \times x \times 13 = \boxed{13x^2}$

(2) $(a+3b) \div 2 = \boxed{\dfrac{a+3b}{2}}$

□次の式を，記号 ×，÷ を使って表しなさい。

(1) $5a^2b = \boxed{5 \times a \times a \times b}$

(2) $50 - \dfrac{x}{4} = \boxed{50 - x \div 4}$

□次の数量を表す式を書きなさい。

(1) 1 本 a 円のペン 2 本と 1 冊 b 円のノート 4 冊を買ったときの代金

〔 $2a+4b$ (円) 〕

(2) x km の道のりを 2 時間かけて歩いたときの時速

〔 $\dfrac{x}{2}$ (km/h) 〕

(3) y L の水の 37% の量

〔 $\dfrac{37}{100}y$ (L) 〕

□ $x=-3$，$y=2$ のとき，次の式の値を求めなさい。

(1) $-x^2 = -(\boxed{-3})^2$

$= -\{(\boxed{-3}) \times (\boxed{-3})\}$

$= \boxed{-9}$

(2) $3x+4y = 3 \times (\boxed{-3}) + 4 \times \boxed{2}$

$= \boxed{-9} + \boxed{8}$

$= \boxed{-1}$

テストに出る！重要事項

〈テスト前にもう一度チェック！〉

□$b \times a$ は，ふつうはアルファベットの順にして，ab と書く。

□$1 \times a$ は，記号×と 1 を省いて，単に a と書く。

□$(-1) \times a$ は，記号×と 1 を省いて，$-a$ と書く。

□記号＋，－は省略できない。

文字の式

●文字式の計算

テストに出る！重要問題

〈特に重要な問題は□の色が赤いよ！〉

□次の計算をしなさい。

(1) $3x+(2x+1)$

$=3x+\boxed{2x}+\boxed{1}$

$=\boxed{5x+1}$

(2) $-a+4-(3-2a)$

$=-a+4-\boxed{3}+\boxed{2a}$

$=\boxed{a+1}$

□次の計算をしなさい。

(1) $-2(5x-2)=\boxed{-10x+4}$

(2) $(12x-8)\div 4=\boxed{3x-2}$

□次の計算をしなさい。

(1) $3(7a-1)+2(-a+3)=\boxed{21a}-\boxed{3}-2a+6$

$=\boxed{19a+3}$

(2) $5(x+2)-4(2x+3)=5x+10-\boxed{8x}-\boxed{12}$

$=\boxed{-3x-2}$

□次の数量の関係を，等式か不等式に表しなさい。

(1) y 個のあめを，x 人に 5 個ずつ配ると，4 個たりない。

〔 $y=5x-4$ 〕

(2) ある数 x に 13 を加えると，40 より小さい。

〔 $x+13<40$ 〕

(3) 1 個 a 円のケーキ 4 個を，b 円の箱に入れると，代金は 1500 円以下になる。

〔 $4a+b\leqq 1500$ 〕

テストに出る！重要事項

〈テスト前にもう一度チェック！〉

□$mx+nx=(m+n)x$ を使って，文字の部分が同じ項《こう》をまとめる。

□かっこがある式の計算は，かっこをはずし，さらに項をまとめる。

□等式や不等式で，等号や不等号の左側の式を左辺，右側の式を右辺，その両方をあわせて両辺という。

方程式

●方程式

テストに出る！重要問題

〈特に重要な問題は□の色が赤いよ！〉

□次の方程式を解きなさい。

(1)　$x-4=2$

$x=\boxed{6}$

(2)　$\dfrac{x}{2}=-1$

$x=\boxed{-2}$

(3)　$-9x=63$

$x=\boxed{-7}$

□次の方程式を解きなさい。

(1)　$-3x+5=-x+1$

$-3x+x=1-\boxed{5}$

$-2x=\boxed{-4}$

$x=\boxed{2}$

(2)　$\dfrac{x+5}{2}=\dfrac{1}{3}x+2$

$\dfrac{x+5}{2}\times\boxed{6}=\left(\dfrac{1}{3}x+2\right)\times 6$

$(x+5)\times\boxed{3}=2x+12$

$\boxed{3x+15}=2x+12$

$\boxed{3x}-2x=12-\boxed{15}$

$x=\boxed{-3}$

□パン 4 個と 150 円のジュース 1 本の代金は，パン 1 個と 100 円の牛乳 1 本の代金の 3 倍になりました。このパン 1 個の値段を求めなさい。

［解答］　$\boxed{\text{パン 1 個の値段}}$を x 円とすると，

$4x+150=3(\boxed{x+100})$

$4x+150=\boxed{3x+300}$

$4x-\boxed{3x}=\boxed{300}-150$

$x=\boxed{150}$

この解は問題にあっている。

$\boxed{150}$ 円

テストに出る！重要事項

〈テスト前にもう一度チェック！〉

□方程式は，文字の項《こう》を一方の辺に，数の項を他方の辺に移項して集めて，$ax=b$ の形にして解く。

方程式

●比例式

テスト に出る！重要問題

〈特に重要な問題は□の色が赤いよ！〉

□次の比例式を解きなさい。

(1) $8:6=4:x$

$\boxed{8x}=24$

$x=\boxed{3}$

(2) $(x-4):x=2:3$

$3(\boxed{x-4})=2x$

$\boxed{3x-12}=2x$

$\boxed{3x}-2x=\boxed{12}$

$x=\boxed{12}$

□**100 g が 120 円の食品を，300 g 買ったときの代金を求めなさい。**

［解答］ 代金を x 円とすると，

$100:300=\boxed{120}:x$

$100x=300\times\boxed{120}$

$100x=\boxed{36000}$

$x=\boxed{360}$

この解は問題にあっている。　$\boxed{360}$ 円

□**玉が A の箱に 10 個，B の箱に 15 個はいっています。A の箱と B の箱に同じ数ずつ玉を入れると，A と B の箱の中の玉の個数の比が 3：4 になりました。あとから何個ずつ玉を入れましたか。**

［解答］ A と B の箱に，それぞれ x 個ずつ玉を入れたとすると，

$(10+x):(15+x)=3:\boxed{4}$

$4(10+x)=3(15+x)$

$40+\boxed{4x}=45+\boxed{3x}$

$x=\boxed{5}$

この解は問題にあっている。　$\boxed{5}$ 個

テストに出る！重要事項

〈テスト前にもう一度チェック！〉

□$a:b=c:d$　ならば，$ad=bc$

比例と反比例

●関数
●比例

テストに出る！重要問題

〈特に重要な問題は□の色が赤いよ！〉

□x の変域が，2 より大きく 5 以下であることを，不等号を使って表しなさい。

〔 $2<x\leqq5$ 〕

□次の(1)，(2)について，y を x の式で表しなさい。(1)は比例定数も答えなさい。

(1) 分速 1.2 km の電車が，x 分走ったときに進む道のり y km

式〔 $y=1.2x$ 〕 比例定数〔 1.2 〕

(2) y は x に比例し，$x=-2$ のとき $y=10$ である。

［解答］ 比例定数を a とすると，$y=$ $\boxed{ax}$

$x=-2$ のとき $y=10$ だから，

$\boxed{10}=a\times(\boxed{-2})$

$a=\boxed{-5}$

したがって，$y=\boxed{-5x}$

□右の図の点 A，B，C の座標を答えなさい。

点 A の座標は，($\boxed{1}$， $\boxed{4}$)

点 B の座標は，($\boxed{-2}$， $\boxed{-1}$)

点 C の座標は，($\boxed{3}$， $\boxed{0}$)

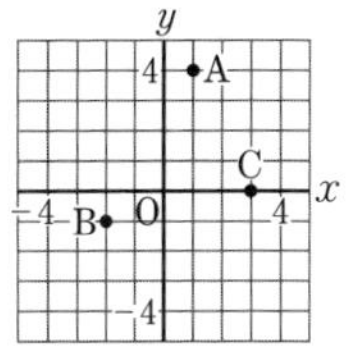

□次の関数のグラフをかきなさい。

(1) $y=\dfrac{1}{3}x$

(2) $y=-2x$

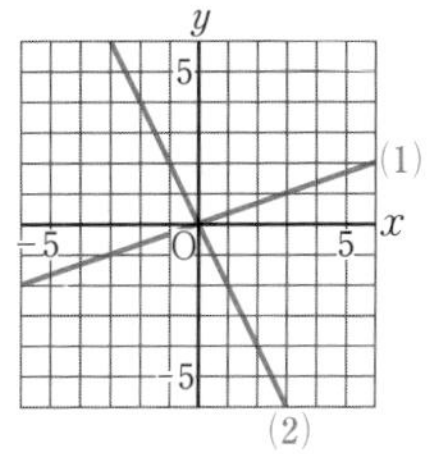

テストに出る！重要事項

〈テスト前にもう一度チェック！〉

□y が x に比例するとき，比例定数を a とすると，$y=ax$ と表される。

比例と反比例

●反比例
●比例，反比例の利用

テストに出る！重要問題

〈特に重要な問題は□の色が赤いよ！〉

□ y は x に反比例し，$x=3$ のとき $y=4$ です。y を x の式で表しなさい。

［解答］ 比例定数を a とすると，$y=\boxed{\frac{a}{x}}$

$x=3$ のとき $y=4$ だから，

$\boxed{4}=\frac{a}{\boxed{3}}$

$a=\boxed{12}$

したがって，$y=\boxed{\frac{12}{x}}$

□次の関数のグラフをかきなさい。

(1) $y=\frac{6}{x}$

(2) $y=-\frac{2}{x}$

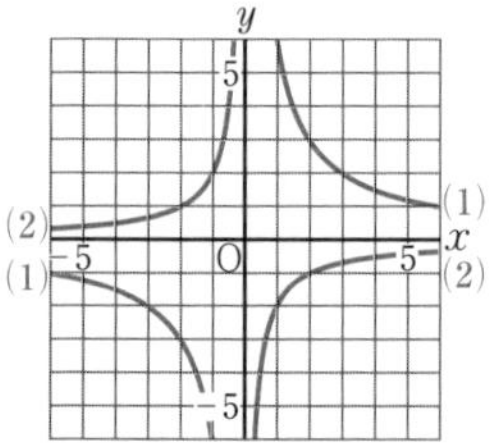

□ある板 4 g の面積は 120 cm² です。この板 x g の面積を y cm² とし，x と y の関係を式に表しなさい。また，この板の重さが 5 g のとき，面積は何 cm² ですか。

［解答］ y は x に比例するので，$y=ax$ と表される。

$x=4$ のとき $y=120$ だから，

$120=4a$

$a=\boxed{30}$

よって，$y=\boxed{30x}$ となる。

$x=5$ を代入して，$y=\boxed{150}$

式…$y=\boxed{30x}$，面積…$\boxed{150}$ cm²

テストに出る！重要事項

〈テスト前にもう一度チェック！〉

□ y が x に反比例するとき，比例定数を a とすると，$y=\frac{a}{x}$ と表される。

平面図形

●直線と図形
●基本の移動

テストに出る！重要問題

〈特に重要な問題は□の色が赤いよ！〉

□右の図のように 4 点 **A，B，C，D** があるとき，次の図形をかきなさい。

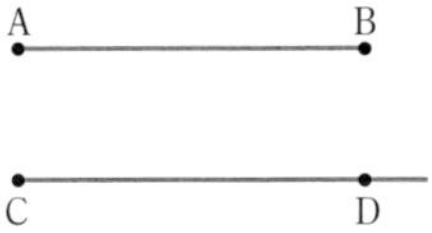

(1)　線分 AB　　　(2)　半直線 CD

□次の問いに答えなさい。

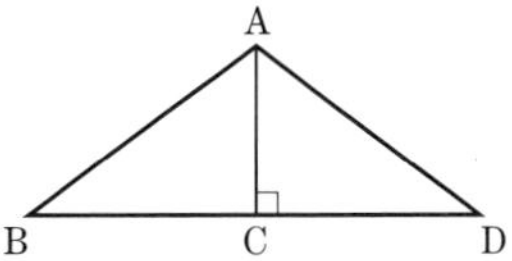

(1)　右の図で，垂直な線分を，記号 ⊥ を使って表しなさい。

〔 AC⊥BD 〕

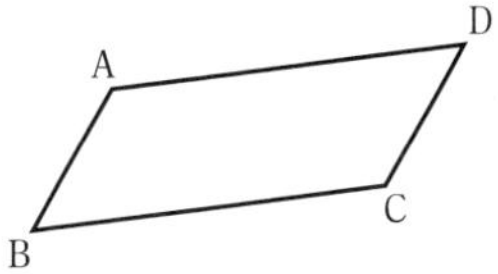

(2)　右の図の平行四辺形 ABCD で，平行な線分を，記号 // を使ってすべて表しなさい。

〔 AB//DC，AD//BC 〕

□長方形 **ABCD** の対角線の交点 **O** を通る線分を，右の図のようにひくと，合同な 8 つの直角三角形ができます。次の問いに答えなさい。

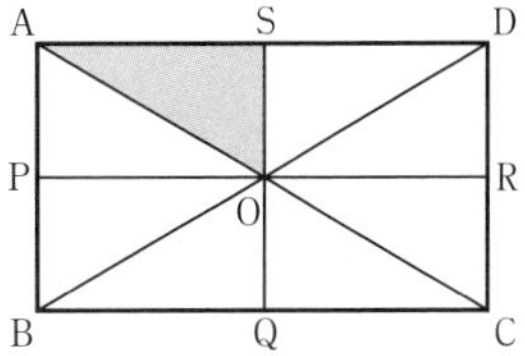

(1)　△OAS を，平行移動すると重なる三角形はどれですか。

〔 △COR 〕

(2)　△OAS を，点 O を回転の中心として回転移動すると重なる三角形はどれですか。

〔 △OCQ 〕

(3)　△OAS を，線分 SQ を対称の軸《じく》として対称移動すると重なる三角形はどれですか。

〔 △ODS 〕

テストに出る！重要事項

〈テスト前にもう一度チェック！〉

□直線の一部で，両端《りょうたん》のあるものを線分という。

平面図形

●基本の作図

テストに出る！重要問題

〈特に重要な問題は□の色が赤いよ！〉

□右の図の △ABC で，辺 AB の垂直二等分線を作図しなさい。

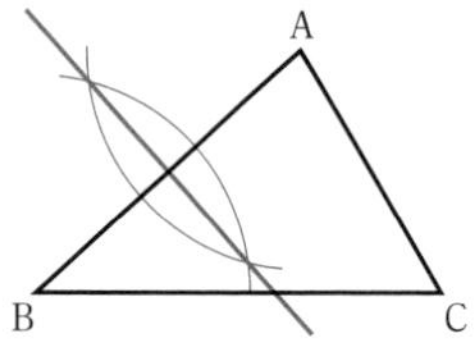

□右の図の △ABC で，∠ABC の二等分線を作図しなさい。

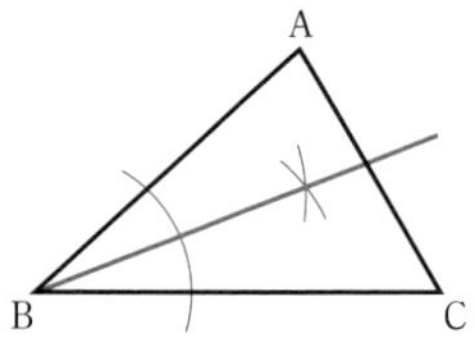

□右の図の △ABC で，頂点 A を通る辺 BC の垂線を作図しなさい。

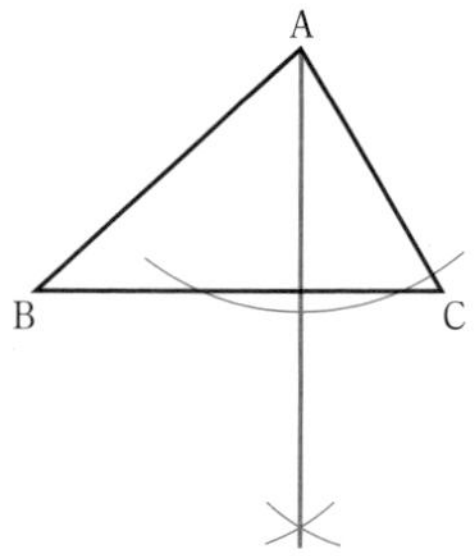

テストに出る！重要事項

〈テスト前にもう一度チェック！〉

□辺 AB の垂直二等分線を作図すると，垂直二等分線と辺 AB との交点が辺 AB の中点になる。

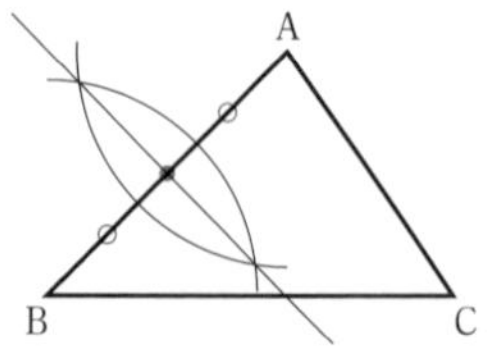

平面図形

●円とおうぎ形

テストに出る！重要問題

〈特に重要な問題は□の色が赤いよ！〉

□半径 4 cm の円があります。
次の問いに答えなさい。

(1) 円の周の長さを求めなさい。

[解答]　$2\pi \times \boxed{4} = \boxed{8\pi}$

$\boxed{8\pi}$ cm

(2) 円の面積を求めなさい。

[解答]　$\pi \times \boxed{4}^2 = \boxed{16\pi}$

$\boxed{16\pi}$ cm^2

□半径 3 cm，中心角 120° のおうぎ形があります。
次の問いに答えなさい。

(1) おうぎ形の弧《こ》の長さを求めなさい。

[解答]　$2\pi \times \boxed{3} \times \dfrac{\boxed{120}}{360} = \boxed{2\pi}$

$\boxed{2\pi}$ cm

(2) おうぎ形の面積を求めなさい。

[解答]　$\pi \times \boxed{3}^2 \times \dfrac{\boxed{120}}{360} = \boxed{3\pi}$

$\boxed{3\pi}$ cm^2

テストに出る！重要事項

〈テスト前にもう一度チェック！〉

□半径 r，中心角 a° のおうぎ形の弧の長さを ℓ，面積を S とすると，

弧の長さ　$\ell = 2\pi r \times \dfrac{a}{360}$

面　　積　$S = \pi r^2 \times \dfrac{a}{360}$

□1 つの円では，おうぎ形の弧の長さや面積は，中心角の大きさに比例する。

空間図形

●立体の表し方
●空間内の平面と直線
●立体の構成

テストに出る！重要問題　〈特に重要な問題は□の色が赤いよ！〉

□右の投影図で表された立体の名前を答えなさい。

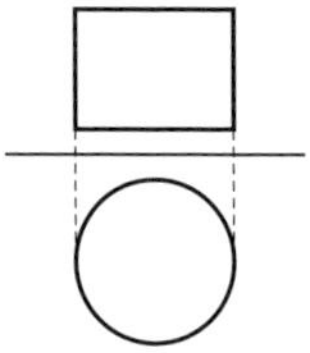

〔 円柱 〕

□右の図の直方体で，次の関係にある直線や平面をすべて答えなさい。

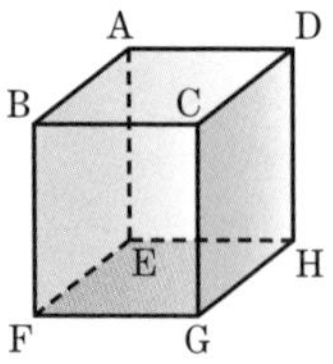

(1) 直線 AD と平行な直線

〔 直線 BC，直線 EH，直線 FG 〕

(2) 直線 AD とねじれの位置にある直線

〔 直線 BF，直線 CG，直線 EF，直線 HG 〕

(3) 平面 AEHD と垂直に交わる直線

〔 直線 AB，直線 EF，直線 HG，直線 DC 〕

(4) 平面 AEHD と平行な平面

〔 平面 BFGC 〕

□右の半円を，直線 ℓ を回転の軸《じく》として 1 回転させてできる立体の名前を答えなさい。

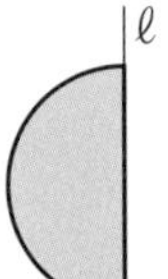

〔 球 〕

テストに出る！重要事項　〈テスト前にもう一度チェック！〉

□空間内の 2 直線の位置関係には，次の 3 つの場合がある。
　交わる，平行である，ねじれの位置にある

□空間内の 2 つの平面の位置関係には，次の 2 つの場合がある。
　交わる，平行である

空間図形

●立体の体積と表面積

テストに出る！重要問題

〈特に重要な問題は□の色が赤いよ！〉

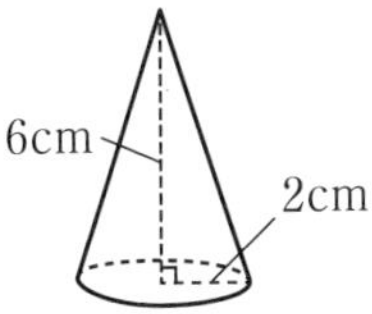

□底面の半径が 2 cm，高さが 6 cm の円錐の体積を求めなさい。

［解答］ $\frac{1}{3}\pi\times2^2\times6=\boxed{8\pi}$

$\boxed{8\pi}$ cm^3

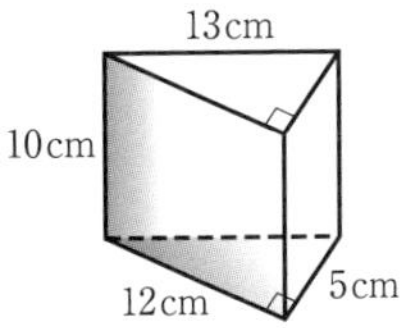

□右の図の三角柱の表面積を求めなさい。

［解答］ 底面積は，

$\boxed{\frac{1}{2}}\times\boxed{5}\times12=30(\text{cm}^2)$

側面積は，

$\boxed{10}\times(5+12+\boxed{13})=\boxed{300}(\text{cm}^2)$

したがって，表面積は，

$30\times\boxed{2}+\boxed{300}=\boxed{360}(\text{cm}^2)$

$\boxed{360}$ cm^2

□半径 2 cm の球があります。

次の問いに答えなさい。

(1) 球の体積を求めなさい。

［解答］ $\frac{4}{3}\pi\times\boxed{2}^3=\boxed{\frac{32}{3}\pi}$

$\boxed{\frac{32}{3}\pi}$ cm^3

(2) 球の表面積を求めなさい。

［解答］ $4\pi\times\boxed{2}^2=\boxed{16\pi}$

$\boxed{16\pi}$ cm^2

テストに出る！重要事項

〈テスト前にもう一度チェック！〉

□円錐の側面の展開図は，半径が円錐の母線の長さのおうぎ形である。

データの活用

●相対度数
●確率

テストに出る！重要問題

〈特に重要な問題は□の色が赤いよ！〉

□下の表は，ある中学校の女子 20 人の反復横とびの結果をまとめたものです。
これについて，次の問いに答えなさい。

反復横とびの回数

階級（回）	度数（人）	相対度数	累積《るいせき》相対度数
38 以上 ～ 40 未満	3	0.15	0.15
40 ～ 42	4	0.20	0.35
42 ～ 44	6	0.30	0.65
44 ～ 46	5	□	□
46 ～ 48	2	0.10	1.00
計	20	1.00	

(1) 最頻値《さいひんち》を答えなさい。

［解答］ $\dfrac{\boxed{42}+\boxed{44}}{2}=\boxed{43}$

$\boxed{43}$ 回

(2) 44 回以上 46 回未満の階級の相対度数を求めなさい。

［解答］ $\dfrac{5}{\boxed{20}}=\boxed{0.25}$

$\boxed{0.25}$

(3) 反復横とびの回数が 46 回未満であるのは，全体の何 % ですか。

［解答］ $0.15+0.20+0.30+\boxed{0.25}=\boxed{0.90}$

$\boxed{90}$ %

テストに出る！重要事項

〈テスト前にもう一度チェック！〉

□相対度数 ＝ $\dfrac{\text{階級の度数}}{\text{度数の合計}}$

□あることがらの起こりやすさの程度を表す数を，あることがらの起こる確率という。

▶漢文ー漢文の基礎知識

訓読の方法

白文…漢字だけで書かれた中国の文章

少年易老学難成

訓読…白文を日本語で読めるようにするために、送り仮名、返り点、句読点をつけること。

少年易ク㆑老イ、学難シ㆑成リ。

書き下し文…漢文を漢字仮名交じりの文章に書き改めたもの。

少年老い易く、学成り難し。

※書き下し文にするときの注意点

①送り仮名は平仮名で書く。

②「之」「也」など、他の語に付く言葉は平仮名で書く。

③「レ点」は一字返って読む。
「一・二点」は二字以上返って読む。

▶漢文ー覚えておきたい故事成語

故事成語	意味
矛盾	話のつじつまが合わないこと。 例 君の話には矛盾している点が多い。
推敲《すいこう》	詩や文章をよく練ること。 例 レポートは、しっかり推敲してから提出しなさい。
蛇足《だそく》	よけいな付け足し。 例 蛇足だが、使い方の説明を追加しておこう。
四面楚歌《しめんそか》	敵に囲まれ、孤立すること。 例 昨日はまさに四面楚歌の状況下での試合だった。
漁夫の利	当事者の争いで第三者が利益を得ること。 例 上位二社の争いで三位の企業が漁夫の利を得た。

▶文法―歴史的仮名遣いの読み方

①語頭以外の「は・ひ・ふ・へ・ほ」は、「わ・い・う・え・お」になる。

例 おはしけれ→おわしけれ　言ひける→いいける

②「ゐ・ゑ・を」は、「い・え・お」になる。

例 をとこ→おとこ　こゑ→こえ

③「ぢ・づ」は、「じ・ず」になる。

例 なんぢ→なんじ　よろづ→よろず

④「くわ・ぐわ」は、「か・が」になる。

例 くわし（菓子）→かし　ぐわん（願）→がん

⑤「au」は「ô」、「iu」は「yû」、「eu」は「yô」になる。

例 やうやう→ようよう　うつくしう→うつくしゅう

※①～⑤のきまりを組み合わせる場合もある。

例 てふてふ→てうてう→ちょうちょう

▶文法―重要古語

古語	意味
よろづ(ず)	いろいろな よろづのことに《いろいろなものをつくるのに》使ひけり
あやし	不思議だ あやしがりて《不思議に思って》、寄りて見るに
いと	たいへん・あまりに・とても いと《まことに》うつくしうてゐたり《座っていた》
うつくし	かわいらしい いとうつくしうて《かわいらしい様子で》ゐたり
よそほ(お)ひ(い)	服装 天人のよそほひ《服装を》したる女
さらに	全く さらに《全く》登るべきやうなし《登りようがありません》
仰《おほ》す	命令なさる 燃やすべきよし仰せたまふ《ご命令になった》
あまた	たくさん 士どもあまた《たくさん》具して《引き連れて》